KLEINES RITUALE

KLEINES RITUALE

FÜR BESONDERE PASTORALE SITUATIONEN

Erarbeitet gemäß den geltenden
liturgischen Büchern und Studienausgaben
in den katholischen Bistümern
des deutschen Sprachgebiets

Herausgegeben von den
Liturgischen Instituten
Deutschlands, Österreichs
und der Schweiz

HERDER

FREIBURG · BASEL · WIEN

Postfach 2628, D-54216 Trier
Tel. 0(0 49) 651 94 808-50
Fax 0(0 49) 651 94 808-33
E-Mail: dli@liturgie.de
Bestell-Nr. 5299

Lizenzausgabe:

Gesetzt und gedruckt
in der von Alfred Riedel gestalteten Adamas-Antiqua
sowie der Quadraat Sans
Einbandgestaltung: S. Angerhausen, Trier
Satz: SatzWeise, Bad Wünnenberg
Herstellung: CPI books GmbH, Leck
Printed in Germany
ISBN 978-3-451-32210-5

INHALT

VORWORT

Seelsorgerinnen und Seelsorger kommen oft in Situationen, in denen von ihnen spontan eine liturgische Begleitung gewünscht wird – etwa bei einem Hausbesuch oder einem Besuch am Bett eines kranken oder sterbenden Menschen. Unterwegs ist jedoch meist das entsprechende liturgische Buch nicht zur Hand. Aus dieser Gegebenheit ist das Kleine Rituale entstanden. Es enthält die wichtigsten liturgischen Feiern für den seelsorgerlichen Alltag.

Die erste Generation des Kleinen Rituale von 1980 wurde erarbeitet, als die nach dem Zweiten Vatikanischen Konzil erneuerten liturgischen Bücher vorlagen. Es enthielt alle sakramentlichen Feiern, die bei der Begleitung von Kranken oder von Menschen in Lebensgefahr nötig sein können. Zur praktikablen Handhabung wurden die kompletten liturgischen Feiern im Kleinen Rituale abgedruckt, die zusätzlichen Auswahlmöglichkeiten jedoch auf das notwendige Maß gekürzt, sodass das Kleine Rituale die vollständigen Bücher keineswegs ersetzte.

Inzwischen liegen mehrere der betreffenden liturgischen Bücher in einer revidierten Fassung vor. Aus dem Bereich der Seelsorge wird immer wieder der Wunsch geäußert, die liturgischen Ordnungen, die häufig außerhalb von Kirchenräumen gebraucht werden, in einer handlichen Ausgabe griffbereit zu haben. Dieser Bitte wird mit der vorliegenden Neuausgabe des Kleinen Rituale Rechnung getragen.

Frauen und Männer im pastoralen Dienst werden zunehmend mit Notsituationen konfrontiert, in denen ein liturgisches Handeln bei den Menschen vor Ort erwartet wird. Mit Blick auf den wertvollen Dienst an Kranken und Sterbenden wurden die Hilfen für die Kranken- und Sterbebegleitung zusammengestellt und die Auswahlmöglichkeiten bei den Gebeten erweitert.

Zudem hat die Erfahrung gezeigt, dass für die Feier der Kindertaufe, der Trauung und der Bestattung in der Regel die vollständigen liturgischen Bücher zur Verfügung stehen und dass auf die darin vorgesehenen Auswahlmöglichkeiten nicht verzichtet werden soll. Darum sind diese Feiern in der neuen Ausgabe nicht enthalten. In das Kapitel „Segnungen“ wurden die Benediktionen aufgenommen, die bei Hausbesuchen oder unterwegs relevant sein können.

Die Herausgeber hoffen, mit der Neuauflage des Kleinen Rituale eine übersichtliche und praktikable Zusammenstellung der liturgischen Feiern für besondere Situationen in der Pastoral bieten zu können.

HINWEISE ZUM GEBRAUCH

Das Kleine Rituale ist konzipiert als handliches Rituale mit den wichtigsten liturgischen Feiern für die Seelsorge unterwegs. Für ein schnelles Auffinden der benötigten liturgischen Feier gibt es neben dem Inhaltsverzeichnis (siehe S. 5) ein ausführliches Stichwortverzeichnis (siehe S. 12).

Die wichtigsten Hinweise zu Vorbereitung, Ablauf und Durchführung der Feiern wurden aus den Pastoralen Einführungen der liturgischen Bücher übernommen und teilweise zusammengefasst. Die kurzen theologischen Einführungen können helfen, in den Sinn einer Feier einzuführen. Querverweise wurden an geeigneten Stellen eingefügt, um auf andere mögliche Feiern hinzuweisen.

In der Neuauflage des Kleinen Rituale wird durchgehend versucht, die unterschiedlichen Akteure im Blick zu haben. Es enthält nicht nur die liturgischen Feiern, die Priestern und/oder Diakonen vorbehalten sind (P/D), sondern auch weitere Formen, die ebenfalls von anderen Seelsorgerinnen und Seelsorgern geleitet werden können (L).

Auswahlmöglichkeiten für unterschiedliche Situationen werden mit A, B usw. gekennzeichnet.

Häufig vorkommende Grundgebete werden in den einzelnen Kapiteln verkürzt dargestellt. Am Ende des Buches sind diese einmal komplett abgedruckt (siehe S. 240 f.).

Die Worte und Handlungen, auf die man sich im äußersten Notfall – d. h. bei unmittelbarer Lebensgefahr – beschränken kann, sind in den Formularen eigens mit einer roten Linie am Rand versehen und werden bei der Übersicht „Aufbau der Feier“ fett ausgezeichnet. Zusätzlich werden alle „Kurztexte für Notfälle“ am Ende des Buches (siehe S. 242 ff.) und in einer Beilage zusammengestellt.

ABKÜRZUNGEN

A	Alle
c.	canon
CIC	Codex Iuris Canonici von 1983
D	Diakon
GL	Gotteslob. Katholisches Gebet- und Gesangbuch, Stuttgart 2013
K	Kantor/in
KG	Katholisches Gesangbuch. Gesang- und Gebetbuch der deutschsprachigen Schweiz, Zug 1998
Kv	Kehrvers
L	Leiter/in
P	Priester
V	Vorbeter/in (Lektor/in)

STICHWORTVERZEICHNIS

EINGLIEDERUNG IN DIE KIRCHE

Taufe, Firmung und Eucharistie sind die *sakramentalen Feiern der Eingliederung in die Kirche.*

In der *Taufe* wird das Paschamysterium vergegenwärtigt – werden Menschen, wie die Schrift sagt, mit Christus begraben und auferweckt (vgl. Röm 6,4). Damit wird das Tor zum Leben im Reich Gottes geöffnet, das Jesus verkündet hat. In der Taufe werden die Menschen von der Sünde befreit und der Macht des Bösen entrissen. Sie werden in die Kirche aufgenommen und zu einer neuen Schöpfung in Christus. Als Kinder Gottes gehören sie zum Volk Gottes und sind Glieder des Leibes Christi, der Kirche. Die Taufe ist das sakramentale Band, das alle zusammenhält, die dieses Zeichen empfangen haben.

Im Sakrament der *Firmung* werden Menschen besiegelt durch die Gabe Gottes, den Heiligen Geist. In der Kraft des Geistes können die Getauften Zeugnis für ihren Glauben ablegen und das Evangelium zu den Menschen bringen. Auf diese Weise tragen sie dazu bei, die Sendung der Kirche in der Welt zu erfüllen.

In der Feier der *Eucharistie* sind die Getauften mit Christus und der Gemeinschaft der Glaubenden auf innigste Weise verbunden. Sie feiern das Gedächtnis des Todes und der Auferstehung des Herrn, nehmen teil am eucharistischen Mahl, in dem die Hingabe Jesu zum Heil der Menschen und die Gemeinschaft der Erlösten zeichenhaft zum Ausdruck kommen, und erwarten auf diese Weise das endgültige Kommen des Reiches Gottes.

Die Feier der Eingliederung eines Erwachsenen in die Kirche in unmittelbarer Lebensgefahr (Nottaufe)

Die Feier der Eingliederung in Lebensgefahr ist vorgesehen, wenn jemand *in Lebensgefahr oder bei schwerer Erkrankung mit lebensbedrohlichem Charakter* um die Taufe bittet. Dafür gibt es zwei unterschiedliche Formen: 1) Die Feier der Eingliederung *bei entfernterer Lebensgefahr (innerhalb einer Messfeier)* geht davon aus, dass die Lebensgefahr zwar drängend ist, aber ein Priester noch erreicht werden kann. Hierfür ist das betreffende Feierbuch (siehe Eingliederung Erwachsener II 2008) zu verwenden. 2) Die Feier der Eingliederung *bei unmittelbarer Lebensgefahr (Nottaufe)* – diese Form ist im Nachfolgenden abgedruckt.

Die Form der *Nottaufe* ist dann angezeigt, wenn sich die Situation des bzw. der Kranken so verschlechtert hat, dass die andere Feier nicht mehr möglich ist. Die Form der Nottaufe setzt voraus, dass der *Taufwunsch* von dem/der Kranken bzw. Schwerverletzten zu Beginn der Feier noch zum Ausdruck gebracht werden kann oder zumindest den Angehörigen, dem Pflegepersonal, den Seelsorgern usw. bekannt ist.

Die Nottaufe soll nach Möglichkeit von einem Priester oder Diakon vorgenommen werden. Wenn dies nicht möglich ist, kann aufgrund der Heilsbedeutung der Taufe nicht nur jeder Christ taufen, sondern *jeder Mensch, der die rechte Absicht dabei hat* (vgl. c. 861 § 2 CIC).

Bei unmittelbarer Lebensgefahr genügen das Sprechen des Glaubensbekenntnisses und die Spendung der Taufe. Im äußersten *Notfall* kann auch das Glaubensbekenntnis entfallen. In diesem Fall wird unter Auslassung aller übrigen Riten Wasser (gegebenenfalls ungesegnetes Wasser) über das Haupt gegossen. Dabei wird die Taufformel gesprochen:

**N., ich taufe dich im Namen des Vaters
und des Sohnes und des Heiligen Geistes.**

Wenn der Priester die Nottaufe vornimmt, sollte er auch die *Firmung* spenden. In diesem Fall entfällt die Chrisamsalbung unmittelbar nach der Taufe. Wenn ein Diakon die Feier leitet, salbt er den Neugetauften bzw. die Neugetaufte nach der Taufe mit Chrisam.

Die *anderen Elemente* der Eingliederung in die Kirche, insbesondere wenn bei der Nottaufe nicht alle Sakramente der Eingliederung (Taufe, Firmung, Eucharistie) empfangen werden konnten, werden zu einem späteren Zeitpunkt in einem eigenen Gottesdienst nachgeholt.

Die Taufe soll nach Möglichkeit in Anwesenheit christlicher *Taufpaten* vollzogen werden.

Wer die Taufe in einem Notfall empfangen hat, ist gültig getauft. Deshalb muss die Eingliederung für Menschen in Lebensgefahr unverzüglich dem zuständigen Pfarramt des Taufortes gemeldet werden, damit der/die Getaufte unter Angabe des Taufspenders, der Eltern und der Taufpaten, soweit vorhanden, sowie des Ortes und des Tages der Taufspendung in das *Taufbuch* eingetragen werden kann. Das Pfarramt der Heimatgemeinde wird verständigt.

Ein Mensch, der in unmittelbarer Lebensgefahr die Nottaufe empfangen hat und wieder gesund wird, muss in geeigneter Weise *in den Glauben* und das Leben der kirchlichen Gemeinschaft *eingeführt* werden.

VORBEREITUNGEN

Nach Möglichkeit sind für die Feier vorzubereiten:

- ☐ Schale und Gefäß mit Wasser
- ☐ ggf. Chrisam
- ☐ ggf. Leib Christi für die Kommunion
- ☐ Tisch mit Kreuz und Kerze(n)
- ☐ die Heilige Schrift

AUFBAU DER FEIER

Die mit [ ] gekennzeichneten Teile können auch entfallen.

ERÖFFNUNG
WORTGOTTESDIENST
FEIER DER TAUFE
[Lobpreis Gottes über dem Wasser]
Absage und **Glaubensbekenntnis**
Taufe
[Salbung mit Chrisam]
[FEIER DER FIRMUNG
Handauflegung und Gebet
Salbung mit Chrisam]
[Fürbitten]
Gebet des Herrn
[KOMMUNION (WEGZEHRUNG)]
ABSCHLUSS
Segen

ERÖFFNUNG

L: Im Namen des Vaters und des Sohnes
und des Heiligen Geistes.
A: Amen.

L führt angemessen in den Gottesdienst ein. Wenn möglich, soll der/die Kranke seinen/ihren Taufwunsch zum Ausdruck bringen. Wenn dies nicht möglich ist, genügt es, wenn andere den Taufwunsch des/der Kranken bezeugen können.

WORTGOTTESDIENST

Es wird eine kurze Schriftlesung aus der Bibel verkündet, die anschließend ausgelegt werden kann.

A Joh 4,13–14

V: In jener Zeit sprach Jesus am Brunnen zur Frau aus Samárien:
Wer von diesem Wasser trinkt, wird wieder Durst bekommen; wer aber von dem Wasser trinkt, das ich ihm geben werde, wird niemals mehr Durst haben; vielmehr wird das Wasser, das ich ihm gebe, in ihm zu einer Quelle werden, deren Wasser ins ewige Leben fließt.

B 1 Petr 1,3

V: Im ersten Petrusbrief heißt es:
Gepriesen sei der Gott und Vater unseres Herrn Jesus Christus: Er hat uns in seinem großen Erbarmen neu gezeugt zu einer lebendigen Hoffnung durch die Auferstehung Jesu Christi von den Toten.

Weitere geeignete Texte sind:
Joh 3,1–6 (Gespräch mit Nikodemus)
Mt 28,18–20 (Taufauftrag)
Joh 11,17–27 (Auferweckung des Lazarus)

FEIER DER TAUFE

[LOBPREIS GOTTES ÜBER DEM WASSER]

Wenn es zeitlich möglich ist, folgt jetzt der Lobpreis Gottes über dem Wasser.

L: Wir preisen dich, Gott, Vater voll Erbarmen. Du schenkst uns das neue Leben im Wasser der Taufe. Wir loben dich.
A: Wir preisen dich.

L: In deinem Sohn Jesus Christus machst du alle, die aus Wasser und Heiligem Geist getauft sind, zu einem Volk. Wir loben dich.
A: Wir preisen dich.

L: Durch den Geist deiner Liebe befreist du uns und schenkst uns deinen Frieden. Wir loben dich.
A: Wir preisen dich.

L: Du erwählst alle Getauften, das Evangelium Christi in der Welt freudig zu bezeugen.
Wir loben dich.
A: Wir preisen dich.

Wenn ein Priester oder Diakon die Feier leitet:

P/D: Allmächtiger, ewiger Gott. Von Anbeginn der Welt hast du das Wasser zu einem Sinnbild des Lebens gemacht. Wir bitten dich: Segne + dieses Wasser, das für die Taufe bestimmt ist, und schenke ⌊Herrn / Frau⌋ N., ⌊der / die⌋ damit getauft wird, das neue Leben in deiner Kirche durch Jesus Christus, unseren Herrn.
A: Amen.

ABSAGE UND GLAUBENSBEKENNTNIS

A Wenn es möglich ist, wird der/die Kranke gefragt:

L: Widersagst du dem Satan und allen Verlockungen des Bösen?
Taufbewerber/in: Ich widersage.

L: Glaubst du an Gott, den Vater, den Allmächtigen, den Schöpfer des Himmels und der Erde?
Taufbewerber/in: Ich glaube.

L: Glaubst du an Jesus Christus, seinen eingeborenen Sohn, unseren Herrn, der geboren ist von der Jungfrau Maria, der gelitten hat, gestorben ist und begraben wurde, von den Toten auferstand und zur Rechten des Vaters sitzt?
Taufbewerber/in: Ich glaube.

L: **Glaubst du an den Heiligen Geist, die heilige katholische Kirche, die Gemeinschaft der Heiligen, die Vergebung der Sünden, die Auferstehung der Toten und das ewige Leben?**
Taufbewerber/in: **Ich glaube.**

B Ist das Bekenntnis des Glaubens durch den/die Kranke/n nicht möglich, sprechen die anderen Anwesenden das Glaubensbekenntnis.

A: **Ich glaube an Gott ...** (siehe S. 240)

TAUFE

Dann legt der Pate bzw. die Patin, soweit möglich, die Hand auf die Schulter des Taufbewerbers bzw. der Taufbewerberin. L gießt das Wasser über den Kopf und spricht dabei:

L: N., **ich taufe dich im Namen des Vaters**
(erstes Übergießen)

und des Sohnes
(zweites Übergießen)

und des Heiligen Geistes.
(drittes Übergießen)

A Wenn ein Diakon die Feier leitet, kann nun die Chrisamsalbung folgen.

D: N., **der allmächtige Gott, der Vater unseres Herrn Jesus Christus, hat dir aus dem Wasser und dem Heiligen Geist neues Leben geschenkt und dich von aller Schuld befreit. Du wirst nun mit dem heiligen Chrisam gesalbt, denn du bist ein Glied des Volkes Gottes und gehörst für immer Christus an, der gesalbt ist zum Priester, König und Propheten in Ewigkeit.**
Der/Die Neugetaufte: **Amen.**

Der Diakon salbt den Neugetauften bzw. die Neugetaufte auf dem Scheitel mit Chrisam.

▷ Fürbitten (S. 23)

B Wenn ein Laie die Feier leitet, entfällt diese Salbung.

▷ Fürbitten (S. 23)

C [FEIER DER FIRMUNG]

Wenn ein Priester der Feier vorsteht und die Firmung folgt, lädt er mit folgenden oder ähnlichen Worten zu stillem Gebet ein:

P: N., du bist in Christus wiedergeboren und zu einem Glied Christi und seines priesterlichen Volkes geworden. Nun sollst du den Heiligen Geist empfangen, den der Herr am Pfingsttag über seinen Jüngern ausgegossen hat. Die Apostel und ihre Nachfolger geben ihn weiter an alle Getauften.

Beten wir in Stille um das Geschenk des Heiligen Geistes.

Alle beten in Stille.

HANDAUFLEGUNG UND GEBET

P legt dem/der Kranken die Hände auf und spricht:

P: Allmächtiger Gott,
Vater unseres Herrn Jesus Christus,
du hast ⌊unseren Bruder / unsere Schwester⌋ N.
in der Taufe von aller Schuld befreit.
Du hast ⌊ihm / ihr⌋ aus dem Wasser
und dem Heiligen Geist neues Leben geschenkt.
Wir bitten dich, Herr:
Sende ⌊ihm / ihr⌋ den Heiligen Geist, den Beistand.
Gib ⌊ihm / ihr⌋ den Geist der Weisheit und der Einsicht,
des Rates, der Erkenntnis und der Stärke,
den Geist der Frömmigkeit und der Gottesfurcht.
Durch Jesus Christus, unseren Herrn.
A: Amen.

SALBUNG MIT CHRISAM

Soweit möglich, legt der Pate bzw. die Patin die rechte Hand auf die Schulter des/der Neugetauften. P taucht den rechten Daumen in den Chrisam und zeichnet damit ein Kreuz auf die Stirn. Dabei spricht er:

P: N., sei besiegelt
durch die Gabe Gottes, den Heiligen Geist.
Der/Die Gefirmte antwortet, wenn er/sie dies kann:
Amen.

P: Der Friede sei mit dir.
Der/Die Gefirmte antwortet, wenn er/sie dies kann:
Und mit deinem Geiste.

▷ Fürbitten

[FÜRBITTEN]

Wenn es zeitlich möglich ist, können Fürbitten folgen.

L: Lasst uns den allmächtigen Gott anrufen und um sein Erbarmen bitten.
V: Für N., ⌊den / die⌋ du heute in die Gemeinschaft deiner Kirche aufgenommen hast. Begleite ⌊ihn / sie⌋ in diesen schweren Stunden ⌊seines / ihres⌋ irdischen Lebens. – Stille –

V: Gott, unser Vater.
A: Wir bitten dich, erhöre uns.

V: Lass ⌊ihn / sie⌋ mit Christus teilhaben am ewigen Leben. – Stille – V/A
V: Für ⌊seine / ihre⌋ Angehörigen: Stärke sie im Glauben und in der Hoffnung. – Stille – V/A
V: Für alle, die die Kranken pflegen:
Steh ihnen bei und schenke ihnen den Geist der Liebe. – Stille – V/A
V: Für deine Kirche: Lass sie Zeichen deines Heiles in der Welt sein. – Stille – V/A

GEBET DES HERRN

A: Vater unser ... (siehe S. 241)

[KOMMUNION (WEGZEHRUNG)]

Nach Möglichkeit wird jetzt die Kommunion als Wegzehrung gereicht. L verehrt das Allerheiligste, zeigt den Leib des Herrn (erhebt das Gefäß mit dem Blut Christi) und spricht:

L: Seht das Lamm Gottes,
das hinwegnimmt die Sünde der Welt.
A: Herr, ich bin nicht würdig,
dass du eingehst unter mein Dach,
aber sprich nur ein Wort,
so wird meine Seele gesund.

L kann einen Kommunionspruch anfügen, etwa:

L: Wer von diesem Brot isst,
wird leben in Ewigkeit.

L reicht dem/der Kranken die Kommunion und spricht:

L: Der Leib Christi. (Oder: Das Blut Christi.)
Der/Die Kranke: Amen.

L: Christus bewahre dich
und führe dich zum ewigen Leben.
Der/Die Kranke: Amen.

Die Anwesenden, die kommunizieren wollen, empfangen die Kommunion in der gewohnten Weise.
L purifiziert das Gefäß. Dies kann auch nach der Feier geschehen.

ABSCHLUSS

SEGEN

Die Feier wird mit dem Segen bzw. der Segensbitte abgeschlossen.

A Wenn ein Priester oder Diakon die Feier leitet:

P/D: Der Herr sei mit euch.
A: Und mit deinem Geiste.

P/D: Der Herr segne euch und behüte euch; der Herr lasse sein Angesicht über euch leuchten und sei euch gnädig; er wende euch sein Antlitz zu und schenke euch seinen Frieden.
Das gewähre euch der dreieinige Gott,
der Vater und der Sohn + und der Heilige Geist.
A: Amen.

B Wenn ein Laie die Feier leitet:

L: Unsere Hilfe ist im Namen des Herrn.
A: Der Himmel und Erde erschaffen hat.

L: Der Herr segne und behüte uns, er gebe uns Mut und tröste uns, er schenke uns Hoffnung und ewiges Leben.
A: Amen.

L: Das gewähre uns der dreieinige Gott,
der Vater und der Sohn und der Heilige Geist.
A: Amen.

Die Tauffeier für ein Kind in Lebensgefahr (Nottaufe)

Die Kirche hat von den ersten Jahrhunderten an nicht nur Erwachsene, sondern *auch Kinder getauft*, die sich noch nicht selbst für den Glauben entscheiden können. Sie ist der Überzeugung, dass die Zuwendung Gottes in Jesus Christus jedem Einzelnen, unabhängig von seinem Alter, gilt.

Wenn ein noch nicht getauftes *Kind in Lebensgefahr* gerät, sollten sich die Verantwortlichen bemühen, für dieses Kind die Taufe zu ermöglichen und gegebenenfalls die Nottaufe zu spenden.

Wenn es möglich ist, soll der Pfarrer oder ein anderer Priester oder ein Diakon taufen. Wenn aber kein Priester oder Diakon erreichbar ist, kann bei unmittelbarer Lebensgefahr jeder Gläubige, ja *jeder Mensch, der die rechte Absicht hat*, die Nottaufe spenden (c. 861 § 2 CIC).

Bei unmittelbarer Lebensgefahr genügen das Sprechen des Glaubensbekenntnisses und die Spendung der Taufe. Im äußersten *Notfall* kann auch das Glaubensbekenntnis entfallen. In diesem Fall wird unter Auslassung aller übrigen Riten Wasser (gegebenenfalls ungesegnetes Wasser) über den Kopf des Kindes gegossen und dabei die Taufformel gesprochen:

N., ich taufe dich im Namen des Vaters
und des Sohnes und des Heiligen Geistes.

Wenn ein Priester die Feier leitet, soll er, wenn Chrisam zur Verfügung steht und genügend Zeit ist, nach der Taufe die *Firmung* spenden.

Wo es möglich ist, sollen sich außer den Eltern und den Paten auch Freunde und Verwandte zur Tauffeier bei dem kranken Kind *versammeln.*

Die Spendung der Nottaufe ist unverzüglich dem zuständigen Pfarramt des Taufortes zu melden, damit der Name des getauften Kindes unter Angabe des Taufspenders, der Eltern, der Paten und, soweit vorhanden, der Zeugen sowie des Ortes und des Tages der Taufspendung in das *Taufbuch* eingetragen werden kann. Das Pfarramt der Heimatgemeinde wird verständigt.

Zur Eingliederung eines Kindes im *Schulalter*, das in Lebensgefahr ist, siehe Die Feier der Eingliederung eines Erwachsenen in die Kirche in unmittelbarer Lebensgefahr, S. 16 ff.

VORBEREITUNGEN

Nach Möglichkeit sind für die Feier vorzubereiten:

- ☐ Schale und Gefäß mit Wasser
- ☐ ggf. Schöpfgefäß oder ein Löffel, falls das Kind im Brutkasten liegt
- ☐ ggf. Chrisam
- ☐ ggf. Taufkleid
- ☐ Tisch mit Kreuz und Kerze(n)
- ☐ die Heilige Schrift

AUFBAU DER FEIER

Die mit [ ] gekennzeichneten Teile können auch entfallen. Die Situation des zu taufenden Kindes und der Familie ist in jedem Fall zu berücksichtigen.

Eröffnung
Fürbitten
Glaubensbekenntnis
Taufe
[Firmung in Lebensgefahr]
[Bekleidung mit dem weißen Taufgewand]
Gebet des Herrn
Segen

ERÖFFNUNG

L: Im Namen des Vaters und des Sohnes
und des Heiligen Geistes.
A: Amen.

L führt in den Gottesdienst mit etwa folgenden Worten ein:

Wir stehen hier hilflos am Bett des / der kleinen N. Sein / Ihr Leben ist in Gefahr und vieles deutet darauf hin, dass er / sie sterben muss. Wenn wir das auch nicht verstehen und vieles so sinnlos scheint, so vertrauen wir dennoch darauf, dass unser Gott mit uns ist im Leben und im Sterben. Ja, auf diese Hoffnung setzen wir: Im Kreuz hat Jesus Christus den Tod besiegt. Er schenkt ewiges Leben. Wir rufen den Namen Gottes an und bezeichnen ⌊den kleinen / die kleine⌋ N. mit dem Zeichen Christi, des Erlösers.

Dem Kind wird mit der Hand ein Kreuz auf die Stirn gezeichnet. Die Eltern und alle anderen anwesenden Gläubigen werden eingeladen, dies ebenfalls zu tun.

L kann der Taufe das folgende oder ein anderes Wort Jesu voranstellen:

Mk 10,14–16
V: Jesus sagte zu den Jüngern: Lasst die Kinder zu mir kommen; hindert sie nicht daran! Denn solchen wie ihnen gehört das Reich Gottes. Amen, ich sage euch: Wer das Reich Gottes nicht so annimmt wie ein Kind, der wird nicht hineinkommen. Und er nahm die Kinder in seine Arme; dann legte er ihnen die Hände auf und segnete sie.

FÜRBITTEN

L kann mit folgenden oder ähnlichen Worten zu den Fürbitten einladen:

L: Wir rufen das Erbarmen Gottes auf dieses Kind herab, das die Taufe empfangen soll, auf seine Eltern (seine Paten) und auf uns alle, die wir getauft sind.

V: Wir beten für dieses Kind: Herr, unser Gott, du hast ihm das Leben geschenkt. Segne es und lass sein Leben in deiner Liebe geborgen sein. – Stille –

V: Gott, unser Vater.
A: Wir bitten dich, erhöre uns.

V: Herr, unser Gott, durch die Taufe berufst du N. in die Gemeinschaft deiner Kirche. Erfülle ⌊ihn / sie⌋

mit der Gnade, die deinen Kindern verheißen ist.
– Stille – V/A

V: Wir beten für die Eltern des Kindes: Herr, unser Gott, ihnen hast du N. anvertraut. Stärke ihren Glauben und hilf ihnen, diese Stunde der Not anzunehmen und zu bestehen. – Stille – V/A

V: Wir beten für alle Kranken und Leidenden: Herr, unser Gott, du willst allen Menschen das Leben in Fülle schenken. Steh unseren Kranken und Leidenden bei und stärke sie in der Hoffnung.
– Stille – V/A

Die Fürbitten werden mit folgendem Gebet abgeschlossen:

L: Gott und Vater unseres Herrn Jesus Christus, du Quelle des Lebens und der Liebe. Du bist den Eltern nahe, die in Sorge sind, und schaust auf die Kinder, deren Leben in Gefahr ist. Offenbare deinen ewigen Ratschluss der Liebe und schenke den Kindern im Sakrament der Taufe ein Leben, das kein Ende hat. Erhöre gnädig unser Gebet: Lass nicht zu, dass dieses Kind unter der Macht der Sünde bleibt, sondern schenke ihm voll Erbarmen Anteil am Reich deines Sohnes. Gib N. – dies ist der Name, der diesem Kind verliehen wird – durch die Taufe in der Kraft des Heiligen Geistes Anteil am Geheimnis des Todes und der Auferstehung Christi; nimm es an als dein Kind und mache es zum Miterben Christi. In der Kirche erfreue es sich der Gemeinschaft mit ihm, deinem eingeborenen Sohn, und dem Heiligen Geist in alle Ewigkeit.
A: Amen.

GLAUBENSBEKENNTNIS

A L lädt die Eltern und alle anderen anwesenden Gläubigen mit etwa folgenden Worten zum Glaubensbekenntnis ein:

L: Im Gedenken an unsere Taufe bekennen wir unseren Glauben an Jesus Christus, den Glauben der Kirche, in dem N. getauft wird.

L: Glaubt ihr an Gott, den Vater, den Allmächtigen, den Schöpfer des Himmels und der Erde?
A: Ich glaube.

L: Glaubt ihr an Jesus Christus, seinen eingeborenen Sohn, unseren Herrn, der geboren ist von der Jungfrau Maria, der gelitten hat, gestorben ist und begraben wurde, von den Toten auferstand und zur Rechten des Vaters sitzt?
A: Ich glaube.

L: Glaubt ihr an den Heiligen Geist, die heilige katholische Kirche, die Gemeinschaft der Heiligen, die Vergebung der Sünden, die Auferstehung der Toten und das ewige Leben?
A: Ich glaube.

B Wo die Eltern nicht nach ihrem Glauben befragt werden können, spricht L das Glaubensbekenntnis und lädt die Umstehenden ein, das Bekenntnis mitzusprechen:

L/A: Ich glaube an Gott ... (siehe S. 240)

TAUFE

Dann nimmt der/die Leiter/in das Gefäß mit Wasser, gießt das Wasser über den Kopf des Kindes und spricht dabei:

L: N., ich taufe dich im Namen des Vaters
(erstes Übergießen)

und des Sohnes
(zweites Übergießen)

und des Heiligen Geistes.
(drittes Übergießen)

[FIRMUNG IN LEBENSGEFAHR]

Wenn ein Priester der Tauffeier vorsteht, spendet er jetzt das Sakrament der Firmung. Er legt dem Kind die Hände auf und spricht:

P: Allmächtiger Gott, Vater unseres Herrn Jesus Christus, du hast dieses Kind in der Taufe von aller Schuld befreit, du hast ihm aus dem Wasser und dem Heiligen Geist neues Leben geschenkt.
Wir bitten dich, Herr,
sende ihm den Heiligen Geist, den Beistand.
Gib ihm den Geist der Weisheit und der Einsicht,
des Rates, der Erkenntnis und der Stärke,
den Geist der Frömmigkeit und der Gottesfurcht.
Durch Jesus Christus, unseren Herrn.
A: Amen.

Dann taucht P den rechten Daumen in den Chrisam, legt dem Kind die rechte Hand auf und zeichnet mit dem Daumen ein Kreuz auf die Stirn des Kindes. Dabei spricht er:

P: N., sei besiegelt
durch die Gabe Gottes, den Heiligen Geist.

[BEKLEIDUNG MIT DEM WEISSEN TAUFGEWAND]

Wo es möglich ist, wird jetzt dem Kind das weiße Gewand angezogen bzw. aufgelegt.

L: N., in der Taufe bist du eine neue Schöpfung geworden und hast – wie die Schrift sagt – Christus angezogen. Das weiße Gewand sei dir ein Zeichen für diese Würde. Bewahre sie für das ewige Leben.

GEBET DES HERRN

L lädt die Versammelten ein, gemeinsam das Vaterunser zu beten.

A: Vater unser ... (siehe S. 241)

SEGEN

Die Feier kann mit dem Segen schließen.

L: Der dreieinige Gott, der das Leben schenkt und es in seinen Händen hält, begleite dieses Kind mit seinem Segen.
A: Amen.

L: Er stärke Mutter und Vater in der Sorge um ihr Kind und gebe ihnen die Kraft des Glaubens.
A: Amen.

L: Und alle, die diesem Kind verbunden sind, begleite er mit seiner Liebe.
A: Amen.

A Wenn ein Priester oder Diakon die Feier leitet:

P/D: Es segne euch der allmächtige Gott,
der Vater und der Sohn + und der Heilige Geist.
A: Amen.

B Wenn ein Laie die Feier leitet:

L: Es segne uns der allmächtige Gott,
der Vater und der Sohn und der Heilige Geist.
A: Amen

Die Feier der Firmung in Lebensgefahr

In unmittelbarer Lebensgefahr kann jemand, der *bisher nur getauft* ist, gefirmt werden und dadurch noch enger mit Christus und der Kirche verbunden werden. Das ist besonders sinnvoll bei Kindern, die aufgrund ihres Alters noch nicht die anderen Sakramenten empfangen konnten.

Die Firmung führt die in der Taufe begonnene christliche Initiation weiter. In diesem Sakrament empfangen die Getauften den *Heiligen Geist*, der ausgegossen und am Pfingstfest vom Herrn über die Apostel gesandt wurde. Durch diese Gabe werden sie vollkommener Christus ähnlich; sie werden im Leben und Sterben *gestärkt*, für ihn *Zeugnis* abzulegen zur Auferbauung seines Leibes in Glaube und Liebe.

Noch nicht gefirmte Kranke, die sich in Lebensgefahr befinden und um die Firmung bitten, darf der zuständige Pfarrer, ja sogar *jeder Priester*, firmen (vgl. c. 883 § 3 CIC).

Die Firmung soll nach Möglichkeit in Anwesenheit von *Firmpaten* vollzogen werden.

Wenn die Umstände es zulassen, wird das Sakrament so gefeiert, wie es in der „Feier der Firmung" vorgesehen ist. Im Notfall kann die folgende *verkürzte Form* verwendet werden.

Bei unmittelbarer Lebensgefahr genügen die Handauflegung und das Gebet sowie die Chrisamsalbung. Im äußersten *Notfall* ist es ausreichend, dass der Priester die Salbung mit Chrisam vollzieht und dabei die sakramentalen Worte spricht:

N., **sei besiegelt**
durch die Gabe Gottes, den Heiligen Geist.

Die Spendung der Firmung in Lebensgefahr ist dem örtlichen Pfarramt zu melden, damit der Name des Gefirmten unter Angabe des Spenders, der Eltern und der Paten sowie des Ortes und Tages der Firmspendung in das *Firmbuch/Taufbuch* eingetragen wird. Das Pfarramt der Heimatgemeinde wird verständigt.

VORBEREITUNGEN

Für die Feier sind vorzubereiten:
- ☐ Chrisam
- ☐ ggf. Tisch mit Kreuz und Kerze(n)
- ☐ die Heilige Schrift

AUFBAU DER FEIER

Die mit [ ] gekennzeichneten Teile können bei der Kurzform entfallen. Lassen es die Umstände zu, sollten die anderen Elemente der Vorbereitung und des Abschlusses hinzugefügt werden.

[ERÖFFNUNG]
[WORTGOTTESDIENST]
FEIER DER FIRMUNG
  Taufbekenntnis
  [Gebetseinladung]
  Handauflegung und Gebet
  Salbung mit Chrisam
[ABSCHLUSS
  Fürbitten und Gebet des Herrn
  Segen]

[ERÖFFNUNG]

Die Feier wird mit dem Kreuzzeichen und dem Liturgischen Gruß eröffnet.

P: Im Namen des Vaters und des Sohnes
und des Heiligen Geistes.
A: Amen.
P: Der Herr sei mit euch.
A: Und mit deinem Geiste.

P führt angemessen in den Gottesdienst ein.

[WORTGOTTESDIENST]

Es wird eine kurze Schriftlesung aus der Bibel verkündet, die anschließend kurz ausgelegt werden kann.

Joh 7,37–39a

V: Am letzten Tag des Festes, dem großen Tag, stellte sich Jesus hin und rief: Wer Durst hat, komme zu mir und es trinke, wer an mich glaubt! Wie die Schrift sagt: Aus seinem Inneren werden Ströme von lebendigem Wasser fließen. Damit meinte er den Geist, den alle empfangen sollten, die an ihn glauben.

FEIER DER FIRMUNG

TAUFBEKENNTNIS

Wenn die Firmung nicht mit der Spendung der Wegzehrung verbunden ist, der in der Regel das Bekenntnis des Glaubens vorausgeht, empfiehlt es sich, vor der Firmung das Bekenntnis des Glaubens, auf den der/die Kranke getauft ist, zu erneuern. Dies kann folgendermaßen geschehen:

A Wenn es möglich ist, wird der/die Kranke gefragt:

P: ⌊Herr / Frau⌋ N. bevor Sie das Sakrament der Firmung empfangen, bitte ich Sie, den Glauben an Jesus Christus, den Glauben der Kirche, auf den Sie getauft worden sind, zu erneuern.

Widersagst du dem Satan und allen Verlockungen des Bösen?
Der/Die Kranke: Ich widersage.

P: Glaubst du an Gott, den Vater, den Allmächtigen, den Schöpfer des Himmels und der Erde?
Der/Die Kranke: Ich glaube.

P: Glaubst du an Jesus Christus, seinen eingeborenen Sohn, unseren Herrn, der geboren ist von der Jungfrau Maria, der gelitten hat, gestorben ist und begraben wurde, von den Toten auferstand und zur Rechten des Vaters sitzt?
Der/Die Kranke: Ich glaube.

P: Glaubst du an den Heiligen Geist, die heilige katholische Kirche, die Gemeinschaft der Heiligen, die Vergebung der Sünden, die Auferstehung der Toten und das ewige Leben?
Der/Die Kranke: Ich glaube.

B Ist das Bekenntnis des Glaubens durch den/die Kranke/n nicht möglich, sprechen die anderen Anwesenden das Glaubensbekenntnis.

P: Bevor N. das Sakrament der Firmung empfängt, bekennen wir dankbar unseren Glauben an Jesus Christus, den Glauben der Kirche, auf den wir getauft wurden.

A: Ich glaube an Gott ... (siehe S. 240)

[GEBETSEINLADUNG]

P kann mit folgenden oder ähnlichen Worten zu stillem Gebet einladen:

P: Lasst uns beten zu Gott, dem allmächtigen Vater, dass er den Heiligen Geist herabsende auf N., der / die in der Taufe wiedergeboren ist zu ewigem Leben. Der Heilige Geist stärke ihn / sie durch die Fülle seiner Gaben und mache ihn / sie durch seine Salbung Christus, dem Sohn Gottes, ähnlich. Beten wir in Stille um das Geschenk des Heiligen Geistes.

Alle beten in Stille.

HANDAUFLEGUNG UND GEBET

P legt dem/der Kranken die Hände auf und spricht:

P: Allmächtiger Gott,
Vater unseres Herrn Jesus Christus,
du hast unseren Bruder / unsere Schwester N.
in der Taufe von aller Schuld befreit.
Du hast ihm / ihr aus dem Wasser
und dem Heiligen Geist neues Leben geschenkt.
Wir bitten dich, Herr:
Sende ihm / ihr den Heiligen Geist, den Beistand.
Gib ihm / ihr den Geist der Weisheit und der Einsicht,
des Rates, der Erkenntnis und der Stärke,
den Geist der Frömmigkeit und der Gottesfurcht.
Durch Jesus Christus, unseren Herrn.
A: Amen.

SALBUNG MIT CHRISAM

Soweit möglich, legt der Pate bzw. die Patin die rechte Hand auf die Schulter des Firmlings.
P taucht den rechten Daumen in den Chrisam und zeichnet damit auf die Stirn des/der Kranken ein Kreuz. Dabei spricht er:

P: N., sei besiegelt
durch die Gabe Gottes, den Heiligen Geist.
Der/Die Gefirmte antwortet, wenn er/sie dies kann:
Amen.

P: Der Friede sei mit dir.
Der/Die Gefirmte antwortet, wenn er/sie dies kann:
Und mit deinem Geiste.

[ABSCHLUSS]

FÜRBITTEN UND GEBET DES HERRN

Wenn möglich, können Fürbitten folgen.

P: Lasst uns den allmächtigen Gott anrufen und um sein Erbarmen bitten.
V: Für N., ⌊den / die⌋ du mit dem Heiligen Geist gestärkt hast. Begleite ⌊ihn / sie⌋ in diesen schweren Stunden ⌊seines / ihres⌋ irdischen Lebens. – Stille –

V: Gott, unser Vater.
A: Wir bitten dich, erhöre uns.

V: Lass ⌊ihn / sie⌋ mit Christus teilhaben am ewigen Leben. – Stille – V/A
V: Für ⌊seine / ihre⌋ Angehörigen: Stärke sie im Glauben und in der Hoffnung. – Stille – V/A
V: Für alle, die die Kranken pflegen:
Steh ihnen bei und schenke ihnen den Geist der Liebe. – Stille – V/A
V: Für deine Kirche: Lass sie Zeichen deines Heiles in der Welt sein. – Stille – V/A

A: Vater unser ... (siehe S. 241)

SEGEN

P: Der Herr sei mit euch.
A: Und mit deinem Geiste.

P: Der Herr segne euch und behüte euch; der Herr lasse sein Angesicht über euch leuchten und sei euch gnädig; er wende euch sein Antlitz zu und schenke euch seinen Frieden.
Das gewähre euch der dreieinige Gott,
der Vater und der Sohn + und der Heilige Geist.
A: Amen.

Die Feier der Aufnahme eines gültig Getauften in Lebensgefahr in die volle Gemeinschaft der katholischen Kirche

Die Feier der Aufnahme eines gültig Getauften in die volle Gemeinschaft der katholischen Kirche betrifft jene Menschen, die in einer von der katholischen Kirche getrennten kirchlichen Gemeinschaft gültig getauft wurden und *in die volle Gemeinschaft* der Kirche *aufgenommen werden wollen.*

Die Taufe durch Untertauchen oder durch Übergießen, begleitet von der trinitarischen Formel, ist in sich gültig. Daraus folgt, dass das Sakrament als gültig angesehen werden muss, wenn die Rituale, die liturgischen Bücher oder die bestehenden Gewohnheiten einer Kirche oder einer kirchlichen Gemeinschaft eine dieser beiden Weisen zu taufen vorschreiben, wie etwa in allen orientalischen Kirchen, in den alt-katholischen (christkatholischen) Kirchen der Utrechter Union, in den evangelisch-lutherischen und den reformierten Kirchen sowie den Gliedkirchen der Union und in den anglikanischen Kirchen.

Bei Bewerbern, die gültig getauft sind, darf die *Taufe nicht wiederholt* werden. Deshalb ist eine *bedingungsweise Taufe* nur dann statthaft, wenn an der Tatsache oder der Gültigkeit einer Taufe begründeter Zweifel besteht. Ergeben sich berechtigte Zweifel, sodass bedingungsweise getauft werden muss, lautet die Taufformel beim dreimaligen Übergießen des Wassers:

N., sofern du noch nicht getauft bist, taufe ich dich im Namen des Vaters und des Sohnes und des Heiligen Geistes.

Die Aufnahme in die volle Gemeinschaft der katholischen Kirche setzt eine angemessene Hinführung und *Vorbereitung* voraus. Je nach persönlicher Gewissenssituation soll der/die Bewerber/in vor der Feier der Aufnahme das Bußsakrament empfangen. Jedem Bewerber und jeder Bewerberin soll in der Feier der Aufnahme in die volle Gemeinschaft der katholischen Kirche, wenn möglich, eine *Begleitperson* (Pate, Patin) zur Seite stehen, die bei der Vorbereitung auf besondere Weise beteiligt war. Für die Aufnahme in die volle Gemeinschaft ist der Bischof zuständig, der einen Priester damit beauftragen kann. Die Aufnahme findet in der Regel innerhalb einer Messfeier statt (siehe Eingliederung Erwachsener II 2008, 65–83).

Nur in *Lebensgefahr* kann auf die Vorbereitung verzichtet werden. Es ist aber in jedem Fall darauf zu achten, dass jemand nur dann in die volle Gemeinschaft der katholischen Kirche aufgenommen wird, wenn dies ausdrücklich seiner *persönlichen Gewissensentscheidung* entspricht. Auf keinen Fall darf jemand unter dem Eindruck der Lebensgefahr zu diesem Schritt gedrängt werden. (In Lebensgefahr ist es auch für Christen, die nicht in der vollen Gemeinschaft mit der katholischen Kirche stehen, möglich, die Sakramente der Buße, der Eucharistie und der Krankensalbung von einem katholischen Spender zu empfangen; vgl. c. 844 § 4 CIC.)

Bei unmittelbarer Lebensgefahr kann *jeder Priester* die Aufnahme vornehmen.

Der entscheidende rechtliche Akt der Aufnahme ist das *Bekenntnis des katholischen Glaubens*. Bewerber, die noch nicht gültig gefirmt sind, empfangen nach dem Bekenntnis des Glaubens das Sakrament der *Firmung*. Bewerber, die in orientalischen Kirchen gültig getauft wurden, sind auch gültig gefirmt.

Die Aufnahme eines gültig Getauften in Lebensgefahr ist *dem zuständigen Pfarramt zu melden*. Der Name der aufgenommenen Person soll in ein eigenes Buch eingetragen werden mit Nennung von Datum und Ort ihrer Taufe. Das Pfarramt der Heimatgemeinde wird verständigt.

VORBEREITUNGEN

Nach Möglichkeit sind für die Feier vorzubereiten:

☐ ggf. Chrisam
☐ Tisch mit Kreuz und Kerze(n)
☐ die Heilige Schrift

AUFBAU DER FEIER

Eröffnung
Glaubensbekenntnis
Firmung
oder **Bestätigung der Aufnahme**
[Feier der Sakramente in Lebensgefahr (Versehgang)]
Fürbitten und Gebet des Herrn
Segen

ERÖFFNUNG

Die Feier beginnt mit einem einführenden Wort des Priesters. Er soll dabei an ein Schriftwort anknüpfen und auf die schon empfangene Taufe (und ggf. Firmung) hinweisen sowie auf das eucharistische Mahl, an dem der/die neu Aufgenommene, wenn möglich, bald teilnehmen wird.

Es kann etwa folgende Schriftstelle verwendet werden:

Eph 1,3.13–14
V: Im Brief an die Gemeinde in Éphesus heißt es: Gepriesen sei Gott, der Gott und Vater unseres Herrn Jesus Christus. Er hat uns mit allem Segen seines Geistes gesegnet durch unsere Gemeinschaft mit Christus im Himmel. In ihm habt auch ihr das Wort der Wahrheit gehört, das Evangelium von eurer Rettung; in ihm habt ihr das Siegel des verheißenen Heiligen Geistes empfangen, als ihr zum Glauben kamt. Der Geist ist der erste Anteil unseres Erbes, hin zur Erlösung, durch die ihr Gottes Eigentum werdet, zum Lob seiner Herrlichkeit.

Als Tauferinnerung kann zu Beginn auch Weihwasser gereicht werden. Dazu kann P sprechen:

P: Aus dem Wasser und dem Heiligen Geist
hat Gott uns neues Leben geschenkt.
Wir sind getauft im Namen des Vaters
und des Sohnes und des Heiligen Geistes.
A: Amen.

GLAUBENSBEKENNTNIS

P lädt den/die Bewerber/in mit folgenden oder ähnlichen Worten ein, gemeinsam mit allen Anwesenden das Große Glaubensbekenntnis zu sprechen:

P: ⌊Herr / Frau⌋ N., vom Geist Gottes geführt, haben Sie darum gebeten, in die volle Gemeinschaft der katholischen Kirche aufgenommen zu werden. Bekennen Sie nun (gemeinsam mit den hier Versammelten) den katholischen Glauben, indem Sie das Große Glaubensbekenntnis sprechen.

A: Wir glauben an den einen Gott,
den Vater, den Allmächtigen,
der alles geschaffen hat, Himmel und Erde,
die sichtbare und die unsichtbare Welt.
Und an den einen Herrn Jesus Christus,
Gottes eingeborenen Sohn,
aus dem Vater geboren vor aller Zeit:
Gott von Gott, Licht vom Licht,
wahrer Gott vom wahren Gott,
gezeugt, nicht geschaffen,
eines Wesens mit dem Vater;
durch ihn ist alles geschaffen.
Für uns Menschen und zu unserem Heil
ist er vom Himmel gekommen,
hat Fleisch angenommen
durch den Heiligen Geist
von der Jungfrau Maria
und ist Mensch geworden.
Er wurde für uns gekreuzigt
unter Pontius Pilatus,
hat gelitten und ist begraben worden,
ist am dritten Tage auferstanden nach der Schrift
und aufgefahren in den Himmel.
Er sitzt zur Rechten des Vaters
und wird wiederkommen in Herrlichkeit,
zu richten die Lebenden und die Toten;
seiner Herrschaft wird kein Ende sein.

Wir glauben an den Heiligen Geist,
der Herr ist und lebendig macht,
der aus dem Vater und dem Sohn hervorgeht,
der mit dem Vater und dem Sohn angebetet
und verherrlicht wird,
der gesprochen hat durch die Propheten,
und die eine, heilige,
katholische und apostolische Kirche.
Wir bekennen die eine Taufe
zur Vergebung der Sünden.
Wir erwarten die Auferstehung der Toten
und das Leben der kommenden Welt. Amen.

Dann lädt P den/die Bewerber/in ein, dem Glaubensbekenntnis die folgenden Worte hinzuzufügen. P spricht die Worte vor, der/die Bewerber/in spricht sie nach:

P / Bewerber/in: Ich glaube und bekenne alles,
was die heilige, katholische Kirche
als Offenbarung Gottes
glaubt, lehrt und verkündet.

A FIRMUNG

Wenn der/die Bewerber/in noch nicht gültig gefirmt ist, so soll P nun das Sakrament der Firmung spenden (siehe Handauflegung und Gebet sowie Chrisamsalbung, S. 37).

B BESTÄTIGUNG DER AUFNAHME

Wenn der/die Bewerber/in bereits gültig gefirmt ist, folgt nun die Bestätigung der Aufnahme:

P legt dem/der Bewerber/in einzeln die rechte Hand aufs Haupt. Er spricht dazu die folgenden Worte:

P: Herr / Frau N., unser Herr Jesus Christus nimmt Sie in die katholische Kirche auf. Er hat Sie geleitet, damit Sie im Heiligen Geist volle Gemeinschaft mit uns haben in dem Glauben,
den Sie (gemeinsam mit den hier Versammelten) bekannt haben.

[FEIER DER SAKRAMENTE IN LEBENSGEFAHR (VERSEHGANG)]

Nach der Feier der Aufnahme können das Sakrament der Krankensalbung und die Wegzehrung (Sterbekommunion) gespendet werden (siehe S. 136ff.).

FÜRBITTEN UND GEBET DES HERRN

Es können Fürbitten folgen:

P: Lasst uns den allmächtigen Gott anrufen und um sein Erbarmen bitten.
V: Für N., ⌊den / die⌋ wir heute in unsere volle Gemeinschaft aufgenommen haben. Begleite ⌊ihn / sie⌋ in diesen schweren Stunden ⌊seines / ihres⌋ irdischen Lebens. – Stille –

V: Gott, unser Vater.
A: Wir bitten dich, erhöre uns.

V: Lass ⌊ihn / sie⌋ mit Christus teilhaben am ewigen Leben. – Stille – V/A
V: Für ⌊seine / ihre⌋ Angehörigen: Stärke sie im Glauben und in der Hoffnung. – Stille – V/A
V: Für alle, die die Kranken pflegen: Steh ihnen bei und schenke ihnen den Geist der Liebe. – Stille – V/A
V: Für alle, die an Christus glauben, für ihre Kirchen und Gemeinschaften:
Der Geist der Wahrheit führe sie immer mehr zur vollen Einheit. – Stille – V/A

A: Vater unser ... (siehe S. 241)

SEGEN

Die Feier wird mit dem Segen des Priesters abgeschlossen.

Die Feier der Versöhnung für Einzelne (bei schwerer Krankheit)

Im Sakrament der Versöhnung begegnet der Mensch dem *heilenden und vergebenden Gott.* Der umkehrwillige Mensch erfährt, so wie es Jesus Christus im Gleichnis vom barmherzigen Vater gezeigt hat, Versöhnung mit Gott, aber auch mit seinen Mitmenschen, mit der Kirche und der ganzen Schöpfung. Das Bußsakrament schenkt dem getauften Christen, der seine Schuld bereut, sie vor dem Priester bekennt und eine Bußauflage erfüllt, die Vergebung der Sünden.

Für Kranke ist die Feier der Umkehr und Versöhnung in besonderer Weise von Bedeutung: Im Rückblick auf das eigene Leben kann die Zusage der Versöhnung Gottes dem/der Kranken helfen, seine/ihre Situation im Glauben anzunehmen und zum *inneren Frieden* zu finden.

Neben den anderen Formen der Sündenvergebung für getaufte Gläubige stellt die Beichte die *volle sakramentale Form der Sündenvergebung* dar. Sie kann nur *von einem Priester geleitet* werden. Der Priester achte darauf, ob die Person beichten möchte. Auch bemühe er sich darum, sich in der Beichte bzw. im Beichtgespräch in allem *auf den Beichtenden einzustellen.*

Einige Teile der Feier können ausgelassen oder *abgekürzt* werden. Dabei müssen jedoch folgende Teile immer vollständig beibehalten werden: das Sündenbekenntnis und die Annahme eines Bußwerkes, die Ermahnung zur Reue, die Absolutions- und die Entlassungsworte.

In *unmittelbarer Lebensgefahr* genügt es jedoch, wenn der Priester die wesentlichen Worte der Absolution spricht, nämlich:

Ich spreche dich los von deinen Sünden
im Namen des Vaters
und des Sohnes + und des Heiligen Geistes.

Ist in schwerer Krankheit oder in Lebensgefahr kein Priester erreichbar, kann mit dem/der Kranken ein kurzer *Bußgottesdienst* gefeiert werden (siehe S. 56 ff.).

AUFBAU DER FEIER

Begrüßung und Kreuzzeichen
[Schriftlesung/Schriftwort]
Sündenbekenntnis und Genugtuung
Gebet des Gläubigen
Lossprechung
Lobpreis Gottes und Entlassung

BEGRÜSSUNG UND KREUZZEICHEN

P empfängt gütig den/die Gläubige/n, der/die zum Bekenntnis seiner/ihrer Sünden zu ihm kommt, und begrüßt ihn/sie freundlich.

Dann macht der/die Beichtende und gegebenenfalls auch P das Kreuzzeichen und spricht:

**Im Namen des Vaters und des Sohnes
und des Heiligen Geistes. Amen.**

P ermuntert den/die Beichtende/n mit folgenden oder ähnlichen Worten zum Vertrauen auf Gott:

**Gott, der unser Herz erleuchtet,
schenke dir wahre Erkenntnis deiner Sünden
und seiner Barmherzigkeit.**

Der/Die Beichtende antwortet:
Amen.

[SCHRIFTLESUNG/SCHRIFTWORT]

Das Wort Gottes hilft bei der Erkenntnis der Sünden und ruft zur Umkehr und zum Vertrauen auf die Barmherzigkeit Gottes. Daher ist es sinnvoll, dass P vor dem Sündenbekenntnis einen geeigneten Text aus der Heiligen Schrift verkündet.

A Joh 3,16–17

P: Gott hat die Welt so sehr geliebt, dass er seinen einzigen Sohn hingab, damit jeder, der an ihn glaubt, nicht verloren geht, sondern ewiges Leben hat. Denn Gott hat seinen Sohn nicht in die Welt gesandt, damit er die Welt richtet, sondern damit die Welt durch ihn gerettet wird.

B Ez 11,19–20

P: So spricht Gott, der Herr: Ich gebe ihnen ein einmütiges Herz und einen neuen Geist gebe ich in euer Inneres. Ich entferne das Herz von Stein aus ihrem Fleisch und gebe ihnen ein Herz von Fleisch damit sie meinen Satzungen folgen und meine Rechtsentscheide bewahren und sie erfüllen. Dann werden sie mir Volk sein und ich werde ihnen Gott sein.

C Joël 2,12a

P: Gott spricht: Kehrt um zu mir von ganzem Herzen!

SÜNDENBEKENNTNIS UND GENUGTUUNG

Es folgt das Bekenntnis der Sünden und das Gespräch mit dem Priester. Nach einem geistlichen Wort des Priesters wird dem/der Beichtenden ein angemessenes Bußwerk (Genugtuung) auferlegt. P achte darauf, sich in allem auf den/die Beichtende/n einzustellen, sei es in der Art zu sprechen, sei es in den Ratschlägen, die er erteilt.

GEBET DES/DER GLÄUBIGEN

Der/Die Gläubige bringt Reue und Vorsatz zur Besserung durch ein Gebet zum Ausdruck. Diese/r kann mit folgenden oder ähnlichen Worten beten:

Herr Jesus, Sohn Gottes, hab Erbarmen mit mir.

LOSSPRECHUNG

P erteilt die Lossprechung. Dabei kann er zum Zeichen dafür, dass der Geist Gottes die Vergebung schenkt, seine Hände über dem/der Gläubigen ausstrecken oder – wenn der/die Gläubige damit einverstanden ist – ihm/ihr die Hände auflegen.

Gott, der barmherzige Vater,
hat durch den Tod und die Auferstehung seines Sohnes die Welt mit sich versöhnt
und den Heiligen Geist gesandt
zur Vergebung der Sünden.
Durch den Dienst der Kirche
schenke er dir Verzeihung und Frieden.

So spreche ich dich los von deinen Sünden
im Namen des Vaters
und des Sohnes + und des Heiligen Geistes.

Der/Die Gläubige antwortet: Amen.

LOBPREIS GOTTES UND ENTLASSUNG

P spricht: Dankt dem Herrn, denn er ist gütig.

Der/Die Gläubige fügt hinzu:
Sein Erbarmen währt ewig.

Dann entlässt P den/die Gläubige/n:
Der Herr hat dir die Sünden vergeben.
Geh hin in Frieden.

Der vollkommene Ablass in der Sterbestunde

In keinem Augenblick seines Lebens erfährt der Mensch so tief seine Hilflosigkeit und sein Ausgeliefertsein wie im Sterben. Mit der Angst und Ungewissheit vor dem, was ihm bevorsteht, verbindet sich der Schmerz über alles im Leben Verfehlte und das Gefühl des Unvermögens, sich aus den Verstrickungen der Schuld zu lösen.

In dieser Situation kommt die Kirche dem/der Sterbenden *mit der ganzen Kraft ihrer Fürbitte zu Hilfe.* Im Vertrauen auf das Gebet der Gemeinschaft der Kirche darf der/die Sterbende hoffen, dass *durch Gott alle Schuld überwunden werden kann.*

In *Lebensgefahr* kann die Spendung des Bußsakramentes oder das Schuldbekenntnis abgeschlossen werden mit dem sog. Päpstlichen Segen, dem vollkommenen Ablass in der Sterbestunde. Diesen kann nur der *Priester* in einer der beiden folgenden Formen erteilen. Der Priester soll dabei nach Möglichkeit auf die *Voraussetzungen* hinweisen: die Reue über alle Sünden des Lebens, die willige Annahme des Todes, den Glauben an die Heilsgemeinschaft der Gläubigen in der Kirche und die apostolische Vollmacht der Vergebung. Er kann dies mit etwa folgenden Worten tun:

P: **Der Mensch kann sich nicht selbst aus seiner Schuld befreien. Wenn wir aber unsere Sünden bereuen, vergibt uns Gott. Der Päpstliche Segen, den ich Ihnen nun erteile, ist ein besonderer Dienst der Kirche an den Kranken. Die Kirche hilft Ihnen durch die ganze Kraft ihrer Fürbitte in der endgültigen Bewältigung der Schuld. Vertrauen Sie daher auf Gott! Er vergibt Ihnen. Seine liebende Hand führt Sie durch den Tod zum Leben.**

A P: Aufgrund der mir vom Apostolischen Stuhl
verliehenen Vollmacht
gewähre ich dir vollkommenen Ablass
und Vergebung aller Sünden
im Namen des Vaters
und des Sohnes + und des Heiligen Geistes.
A: Amen.

B P: Durch die heiligen Geheimnisse
unserer Erlösung
erlasse dir der allmächtige Gott
alle Strafen
des gegenwärtigen und zukünftigen Lebens.
Er öffne dir die Pforten des Paradieses
und führe dich zu der immerwährenden Freude.
A: Amen.

Die gemeinschaftliche Feier der Versöhnung mit allgemeinem Bekenntnis und Generalabsolution (Kurzform)

In *besonderen Notsituationen* kann es erforderlich sein, dass mehreren Menschen gemeinsam die sakramentale Lossprechung erteilt wird.

Die *Generalabsolution* für mehrere Gläubige ohne vorhergehendes individuelles Bekenntnis ist gemäß c. 961 CIC nur in bestimmten Situationen möglich. Das Urteil darüber, ob die erforderlichen Voraussetzungen gegeben sind, steht dem Diözesanbischof zu; dieser kann unter Berücksichtigung der Kriterien, die mit den übrigen Mitgliedern der Bischofskonferenz abgestimmt sind, feststellen, wann solche Notfälle gegeben sind.

In besonderen Notsituationen kann man die gemeinschaftliche Feier der Versöhnung mit allgemeinem Bekenntnis und Generalabsolution (vgl. Buße 1974, 35–51.) entsprechend *abkürzen*. Nach Möglichkeit soll der Priester auch in diesem Fall ein entsprechendes Wort aus der Heiligen Schrift vortragen. Dann soll er die Gläubigen darauf hinweisen, dass sie sich entsprechend vorbereiten müssen: sie sollen die begangenen Sünden bereuen und den Vorsatz fassen, nicht mehr zu sündigen sowie gegebenes Ärgernis und zugefügten Schaden wiedergutzumachen. Zugleich sollen sie sich vornehmen, zur gegebenen Zeit jene schweren Sünden einzeln zu bekennen, die sie jetzt nicht in dieser Weise beichten könne. Außerdem soll allen ein Bußwerk vorgeschlagen werden, dem jeder nach eigenem Dafürhalten etwas hinzufügen kann.

Bei *unmittelbarer Lebensgefahr* genügen die Worte der Lossprechung, die in diesem Fall, wie folgt, abgekürzt werden können:

Ich spreche euch los von euren Sünden
im Namen des Vaters
und des Sohnes + und des Heiligen Geistes.

ALLGEMEINES BEKENNTNIS

Der Diakon oder ein anderer Helfer oder der Priester selbst lädt jene, welche die sakramentale Lossprechung empfangen wollen, mit diesen oder ähnlichen Worten ein, durch ein Zeichen die Lossprechung zu erbitten:

D/P: **Wer jetzt die sakramentale Lossprechung erhalten will, verneige sich und spreche das allgemeine Bekenntnis.**

Oder er schlage ein anderes Zeichen vor, entsprechend den Richtlinien der Bischofskonferenz.

Dann wird ein allgemeines Bekenntnis gesprochen (etwa Ich bekenne Gott, dem Allmächtigen ..., siehe S. 241).

GENERALABSOLUTION

Dann erteilt P die Lossprechung. Er streckt die Hände über die Gläubigen aus und spricht:

A P: **Gott, unser Vater, will nicht den Tod des Sünders, sondern dass er sich bekehre und lebe; er hat uns zuerst geliebt und seinen Sohn in die Welt gesandt, damit sie durch ihn gerettet werde; er sei euch barmherzig und schenke euch Frieden.**
A: **Amen.**
P: **Jesus Christus, unser Herr, ist für unsere Sünden dem Tod überliefert worden und zu unserer Rechtfertigung auferstanden; er hat seinen Aposteln den Heiligen Geist gegeben, damit sie in seiner Vollmacht Sünden nachlassen; durch meinen Dienst erlöse er euch vom Bösen und erfülle euch mit Heiligem Geist.**
A: **Amen.**
P: **Der Heilige Geist ist uns geschenkt zur Vergebung der Sünden; in ihm haben wir Zugang zum Vater; er reinige und erleuchte eure Herzen, damit ihr die Machttaten dessen verkündet, der uns aus der Finsternis in sein wunderbares Licht gerufen hat.**
A: **Amen.**

So spreche ich euch los von euren Sünden
im Namen des Vaters
und des Sohnes + und des Heiligen Geistes.
A: Amen.

B P: Gott, der barmherzige Vater,
hat durch den Tod und die Auferstehung
seines Sohnes die Welt mit sich versöhnt
und den Heiligen Geist gesandt
zur Vergebung der Sünden.
Durch den Dienst der Kirche
schenke er euch Verzeihung und Frieden.

So spreche ich euch los von euren Sünden
im Namen des Vaters
und des Sohnes + und des Heiligen Geistes.
A: Amen.

Die Lossprechung von Kirchenstrafen in Lebensgefahr

Wenn der Priester gemäß dem Recht im sakramentalen Bereich einem Pönitenten / einer Pönitentin, der/die in geeigneter Weise vorbereitet ist, eine Beugestrafe als Tatstrafe nachlässt, werden die *Worte der Lossprechung nicht verändert.* Es genügt, dass der Priester ihn/sie auch von den Beugestrafen absolvieren will.

Der Priester kann jedoch, bevor er von den Sünden losspricht, entsprechend den rechtlichen Bestimmungen von der Kirchenstrafe absolvieren. Er spricht dabei die unten zur Verwendung außerhalb des Bußsakramentes angegebene Formel.

Wenn der Priester entsprechend den rechtlichen Bestimmungen *außerhalb des Bußsakramentes* eine/n Sünder/in von einer Kirchenstrafe losspricht, verwendet er folgende Formel:

Kraft der mir verliehenen Vollmacht
spreche ich dich los
von der Exkommunikation
(oder: **von der Suspension** oder: **vom Interdikt**).
Im Namen des Vaters
und des Sohnes + und des Heiligen Geistes.

Der/Die Losgesprochene antwortet: **Amen.**

Die Dispens von Irregularität in Lebensgefahr

Wenn jemand von einer Irregularität betroffen ist, dispensiert ihn der Priester entsprechend den rechtlichen Bestimmungen entweder innerhalb des Bußsakramentes nach der Lossprechung oder außerhalb des Bußsakramentes mit folgenden Worten:

**Kraft der mir verliehenen Vollmacht
befreie ich dich von der Irregularität,
die du dir zugezogen hast.
Im Namen des Vaters
und des Sohnes + und des Heiligen Geistes.**

Der Dispensierte antwortet: **Amen.**

Der Bußgottesdienst (bei schwerer Krankheit)

Bußgottesdienste sind Versammlungen des Volkes Gottes, in denen die Gemeinde das Wort Gottes hört, das uns zur Umkehr und zur Erneuerung des Lebens ruft sowie die Erlösung durch den Tod und die Auferstehung Jesu Christi verkündet. Auch wenn der Bußgottesdienst nicht eine Form des Bußsakramentes ist, so werden doch *im Hören auf das Wort Gottes und im gemeinsamen Bekenntnis* der versammelten Gemeinde dank der Fürbitte der Kirche entsprechend der Reue und Bußgesinnung des Menschen *Sünden vergeben* und Heil vermittelt.

Ist in schwerer Krankheit oder in Lebensgefahr für die Feier der Sakramente *kein Priester erreichbar*, so kann mit dem/der Kranken ein kurzer Bußgottesdienst gefeiert werden.

Der Bußgottesdienst kann ebenfalls in den Situationen verwendet werden, in denen *keine persönliche Beichte erwünscht* ist, aber der/die Kranke für die Bedeutung von Buße und Umkehr dennoch aufgeschlossen ist. Auch kann mit dieser Form auf eine persönliche Beichte zu einem späteren Zeitpunkt vorbereitet werden.

AUFBAU DER FEIER

ERÖFFNUNG
- Begrüßung und Einführung
- Gebet

WORTGOTTESDIENST
- Schriftlesung/Schriftwort
- Kurze Stille oder Auslegung
- Gewissenserforschung
- Allgemeines Schuldbekenntnis
- Vaterunser
- Vergebungsbitte

ABSCHLUSS
- Danksagung
- Segen

ERÖFFNUNG

BEGRÜSSUNG UND EINFÜHRUNG

Nach der Begrüßung des/der Kranken und der Angehörigen beginnt die Feier in der Regel mit dem Kreuzzeichen.

Es können einführende Worte gesprochen werden:

Der Ruf Jesu zur Umkehr ist eine frohe Botschaft: Die Botschaft von der Liebe und Barmherzigkeit Gottes befähigt uns, immer wieder unser ganzes Leben auf ihn auszurichten. Umkehren heißt, seine Hoffnung nicht auf die eigenen Kräfte, sondern ganz auf Jesus Christus zu setzen. Das Geschenk der Barmherzigkeit Gottes dürfen wir mit dankbarem Herzen annehmen. Daher wollen wir uns Gott anvertrauen und ihn um Versöhnung bitten.

GEBET

L: Barmherziger Gott, öffne unser Herz, damit wir deinen Ruf zur Umkehr hören und im Licht des Evangeliums auf unser Leben blicken.
Darum bitten wir durch Christus, unseren Herrn.
A: Amen.

WORTGOTTESDIENST

SCHRIFTLESUNG/SCHRIFTWORT

A Joh 3,16–17

V: Gott hat die Welt so sehr geliebt, dass er seinen einzigen Sohn hingab, damit jeder, der an ihn glaubt, nicht verloren geht, sondern ewiges Leben hat. Denn Gott hat seinen Sohn nicht in die Welt gesandt, damit er die Welt richtet, sondern damit die Welt durch ihn gerettet wird.

B Lk 15,18–20

V: Ich will aufbrechen und zu meinem Vater gehen und zu ihm sagen: Vater, ich habe mich gegen den Himmel und gegen dich versündigt. Ich bin nicht mehr wert, dein Sohn zu sein; mach mich zu einem deiner Tagelöhner! Dann brach er auf und ging zu seinem Vater. Der Vater sah ihn schon von Weitem kommen und er hatte Mitleid mit ihm. Er lief dem Sohn entgegen, fiel ihm um den Hals und küsste ihn.

C Mt 4,17

V: Jesus spricht: Kehrt um! Denn das Himmelreich ist nahe.

KURZE STILLE ODER AUSLEGUNG

Nach der Lesung kann eine kurze Stille oder eine kurze Auslegung des Schrifttextes folgen.

GEWISSENSERFORSCHUNG

Es folgt die Gewissenserforschung. Sie kann sich an folgenden Fragen orientieren. Es soll immer eine Zeit der Stille gehalten werden, damit jeder persönlich sein Gewissen erforschen kann.

L: Jesus Christus spricht: „Du sollst den Herrn, deinen Gott, lieben mit ganzem Herzen, mit ganzer Seele und mit deinem ganzen Denken“ (Mt 22,37). Ist mein Leben so auf Gott ausgerichtet, dass ich ihn über alles liebe und auf ihn mein Vertrauen setze?

Jesus Christus spricht: „Liebt einander!
Wie ich euch geliebt habe, so sollt auch ihr einander lieben“ (Joh 13,34).
Wie ist mein Verhältnis zu meinen Mitmenschen?
Habe ich meine Verantwortung wahrgenommen?
Habe ich in ihnen meine Nächsten erkannt,
die Gott mir auf meinem Lebensweg zur Seite gestellt hat?

Jesus Christus spricht: „Seid vollkommen, wie euer himmlischer Vater vollkommen ist“ (Mt 5,48).
Lebe ich aus der Hoffnung auf das ewige Leben?
Kann ich mein Leben annehmen mit all seinen Höhen und Tiefen? Kann ich versöhnt und dankbar darauf blicken und alles in Gottes Hände legen?

Weitere Anregungen unter GL 600 f. / KG 25 f.

SCHULDBEKENNTNIS UND VERGEBUNGSBITTE

A L: Bekennen wir gemeinsam vor Gott unsere Schuld.
A: Ich bekenne Gott, dem Allmächtigen, ...
(siehe S. 241)

L: Der allmächtige Gott erbarme sich unser,
er lasse uns die Sünden nach
und führe uns zum ewigen Leben.
A: Amen.

B L: Wir bekennen vor Gott und voreinander,
dass wir sündige Menschen sind.
Mit dem Psalmisten beten wir:

Ps 51,3–4.12.14
Kv: Erbarme dich meiner, o Gott,
erbarme dich meiner! – Kv

Gott, sei mir gnädig nach deiner Huld, *
tilge meine Frevel nach deinem reichen Erbarmen!
Wasch meine Schuld von mir ab *
und mach mich rein von meiner Sünde! – (Kv)

Erschaffe mir, Gott, ein reines Herz *
und gib mir einen neuen, beständigen Geist!
Mach mich wieder froh mit deinem Heil, *
mit einem willigen Geist rüste mich aus! – (Kv)

Ehre sei dem Vater und dem Sohn *
und dem Heiligen Geist.
Wie im Anfang, so auch jetzt und allezeit *
und in Ewigkeit. Amen. – Kv

L: Nachlass, Vergebung und Verzeihung unserer Sünden gewähre uns der allmächtige und barmherzige Herr.
A: Amen.

VATER UNSER

L: Lasst uns alles in Gottes Hände legen und beten, wie Jesus uns zu beten gelehrt hat:
A: Vater unser ... (siehe S. 241)

ABSCHLUSS

DANKSAGUNG

L: Gott des Trostes und Vater des Erbarmens, du vergibst die Sünden denen, die sie dir bekennen. Wir loben dich.
A: Wir preisen dich.

L: Gott des Trostes und Vater des Erbarmens, du gibst denen, die niedergeschlagen sind und von Schmerzen geplagt werden, Kraft und Zuversicht. Wir loben dich.
A: Wir preisen dich.

L: Gott des Trostes und Vater des Erbarmens, du liebst die Bedrängten und Trauernden, gibst ihnen Hoffnung auf das Heil und verheißt ihnen ewiges Leben. Wir loben dich.
A: Wir preisen dich.

L: Deine Güte, Herr, ist unermesslich und dein Erbarmen ohne Grenzen. Wir danken dir für das Gute, das wir empfangen haben, und bitten dich: Bewahre uns in lebendigem Glauben, in fester Hoffnung und in aufrichtiger Liebe zu dir und zu unseren Nächsten.
Darum bitten wir durch Christus, unseren Herrn.
A: Amen.

SEGEN

L: Unsere Hilfe ist im Namen des Herrn.
A: Der Himmel und Erde erschaffen hat.

L: Es segne uns der allmächtige Gott,
der Vater und der Sohn und der Heilige Geist.
A: Amen.

BEGLEITUNG KRANKER

Für Christen gehört es seit jeher zu den *Werken der Barmherzigkeit*, Kranke zu besuchen und ihnen beizustehen. Wo Krankheit als Ausweglosigkeit und Ohnmacht erfahren und die Frage nach dem Sinn des Leidens gestellt wird, ist diese Not zuerst einmal zuzulassen und mit dem Kranken auszuhalten. Es kann dann ein wichtiger Dienst werden, im Gespräch das Leben zu bedenken, nach dem Willen Gottes zu fragen und Hoffnung aus dem Glauben zu wecken.

Alle Getauften sollten ermutigt werden und fähig sein, mit Kranken zu beten und ihnen Gottes Segen zu erbitten. Denn der Auftrag Christi, sich um die Kranken zu kümmern und nach seinem Beispiel sich ihrer anzunehmen, gilt allen Christen (vgl. Mt 25,36).

In der Situation der Krankheit kann die *Begegnung mit Christus in den Sakramenten* als besondere Stärkung erfahren werden. Der Wunsch nach den Krankensakramenten muss aber von den Kranken selbst ausgehen. Jede Art von Bevormundung ist zu vermeiden. Doch sollen die, welche für die Kranken verantwortlich sind, sensibel auf das Angebot der Krankenkommunion und der Feier der Buße, auf den Sinn der Krankensalbung und deren rechtzeitigen Feier aufmerksam machen und sie gegebenenfalls auf die Feier der Sakramente vorbereiten. Erkrankt ein Mensch schwer, so sollte bereits am Beginn des Krankheitsverlaufes auf die Möglichkeit der Krankensalbung (siehe S. 89 ff.) hingewiesen werden.

Besteht Lebensgefahr, soll der/die Kranke zum Empfang der *Wegzehrung* (siehe S. 117 ff.) eingeladen werden.

Es gibt Kranke, denen es aus verschiedenen Gründen unmöglich ist oder schwerfällt, zu *beten*. Deshalb ist es eine wichtige Aufgabe des seelsorglichen Gesprächs, darüber offen zu sprechen und solche Schwierigkeiten zu überwinden. Unabdingbar ist, dass sich im Verlauf einer Begegnung ein vertrauensvolles Klima einstellt, aus dem heraus das gemeinsame Beten erwächst. Oft werden Kranke, die sich nicht in der Lage sehen, selbst zu beten, einverstanden sein, dass man für sie betet. Erst nach erfragtem Einverständnis kann man den Kranken Gebete vorsprechen oder sie zum persönlichen wie auch zum gemeinsamen Beten mit ihren Angehörigen anregen und anleiten.

Je nach *Verfassung*, den äußeren *Umständen* und der Situation können Gebete gesprochen werden oder ein Wortgottesdienst mit abschließendem Krankensegen (siehe S. 74 ff.) gefeiert werden. Jeder Krankenbesuch kann mit einer Segensbitte abgeschlossen werden (siehe S. 78 f.). Darüber hinaus ist es von großer Bedeutung, einfach für den/die Sterbende da zu sein und womöglich ein seelsorgerliches Gespräch anzubieten.

Mit Kranken beten

Wer mit Kranken betet, soll darum bemüht sein, verständnisvoll auf die *jeweilige Situation* einzugehen. Gebete können frei formuliert oder aus folgenden Texten ausgewählt werden. Vertraute Gebete können eine große Hilfe sein. Oft wird es sinnvoll sein, das Gebet mit einem gemeinsamen Vaterunser zu beschließen.

I. AUS DEN PSALMEN

Ps 23,1–6 (GL 37,2 / KG 611,2)

DER GUTE HIRT

**Der Herr ist mein Hirte, nichts wird mir fehlen.
Er lässt mich lagern auf grünen Auen
und führt mich zum Ruheplatz am Wasser.
Er stillt mein Verlangen;
er leitet mich auf rechten Pfaden,
treu seinem Namen.
Muss ich auch wandern in finsterer Schlucht,
ich fürchte kein Unheil; denn du bist bei mir,
dein Stock und dein Stab geben mir Zuversicht.
Du deckst mir den Tisch
vor den Augen meiner Feinde.
Du salbst mein Haupt mit Öl,
du füllst mir reichlich den Becher.
Lauter Güte und Huld werden mir folgen
mein Leben lang
und im Haus des Herrn darf ich wohnen
für lange Zeit.**

Ps 25,1–2a.6.7bc.16–17

DENK AN MICH, HERR!

Zu dir, Herr, erhebe ich meine Seele.
Mein Gott, auf dich vertraue ich.
Denk an dein Erbarmen, Herr,
und an die Taten deiner Huld;
denn sie bestehen seit Ewigkeit.
In deiner Huld denk an mich, Herr,
denn du bist gütig.
Wende dich mir zu und sei mir gnädig;
denn ich bin einsam und gebeugt.
Befrei mein Herz von der Angst,
führe mich heraus aus der Bedrängnis.

Ps 27,1.7–9 (GL 38,2 / KG 320,1)

HOFFE AUF DEN HERRN!

Der Herr ist mein Licht und mein Heil:
Vor wem sollte ich mich fürchten?
Der Herr ist die Kraft meines Lebens:
Vor wem sollte mir bangen?
Vernimm, o Herr, mein lautes Rufen;
sei mir gnädig und erhöre mich!
Mein Herz denkt an dein Wort:
„Sucht mein Angesicht!"
Dein Angesicht, Herr, will ich suchen.
Verbirg nicht dein Gesicht vor mir;
weise deinen Knecht im Zorn nicht ab!
Du wurdest meine Hilfe.
Verstoß mich nicht, verlass mich nicht,
du Gott meines Heiles!

Ps 91,1–6.9.11–12.14–16 (GL 664,6 / KG 287,1)

ZUFLUCHT BEI GOTT

Wer im Schutz des Höchsten wohnt
und ruht im Schatten des Allmächtigen,
der sagt zum Herrn:
„Du bist für mich Zuflucht und Burg,
mein Gott, dem ich vertraue."

Er rettet dich aus der Schlinge des Jägers
und aus allem Verderben.
Er beschirmt dich mit seinen Flügeln,
unter seinen Schwingen findest du Zuflucht,
Schild und Schutz ist dir seine Treue.

Du brauchst dich vor dem Schrecken der Nacht
nicht zu fürchten,
noch vor dem Pfeil, der am Tag dahinfliegt,
nicht vor der Pest, die im Finstern schleicht,
vor der Seuche, die wütet am Mittag.
Denn der Herr ist deine Zuflucht,
du hast dir den Höchsten als Schutz erwählt.

Denn er befiehlt seinen Engeln,
dich zu behüten auf all deinen Wegen.
Sie tragen dich auf ihren Händen,
damit dein Fuß nicht an einen Stein stößt.

„Weil er an mir hängt, will ich ihn retten;
ich will ihn schützen,
denn er kennt meinen Namen.
Wenn er mich anruft, dann will ich ihn erhören.
Ich bin bei ihm in der Not,
befreie ihn und bringe ihn zu Ehren.
Ich sättige ihn mit langem Leben
und lasse ihn schauen mein Heil."

Weitere mögliche Psalmen können der Heiligen Schrift oder dem Gotteslob bzw. dem Katholischen Gesangbuch entnommen werden:

Ps 34 (GL 39)	UNTER GOTTES SCHUTZ
Ps 71 (KG 619,1)	ZUFLUCHT BEI GOTT BIS INS ALTER
Ps 86	GEBET IN BEDRÄNGNIS
Ps 88	DIE KLAGE EINES KRANKEN UND EINSAMEN
Ps 143 (KG 649,1)	GEBET UM KRAFT UND HILFE

II. GEBETE AUS DER TRADITION DER KIRCHE

UM DEN TROST DER NÄHE GOTTES

Bleibe bei mir, Herr, denn es will Abend werden,
und der Tag hat sich geneigt.
Bleibe bei mir mit deiner Gnade und Güte,

mit deinem Trost und Segen.
Bleibe bei mir, wenn über mich kommt
die Nacht des Leidens und der Angst,
die Nacht des Zweifels und der Niedergeschlagenheit.
Bleibe bei mir und bei all deinen Gläubigen
in Zeit und Ewigkeit. Amen.
(vgl. GL 11,5 / KG 700,3)

UM LEBENSMUT IM ALTER

Guter Gott, du bist der Schöpfer meines Lebens
und sorgst für mich wie ein guter Vater.
Meinen Namen hast du in deine Hand geschrieben.
Von Jugend an warst du bei mir
und lässt mich auch im Alter nicht allein.
Viel kann ich nicht mehr tun;
aber ich kann noch beten, hoffen und danken,
durchhalten und treu sein
und auf dein Kommen warten.
Hilf mir, mich ganz deinem Willen zu ergeben.
Ich weiß, dass deine Liebe für mich nicht aufhört.
Und wenn meine letzte Stunde kommt,
bring mich nach Hause zu dir,
wo ich dich
in deinem Licht schauen darf für immer. Amen.

ÜBEREIGNUNG AN GOTT

Mein Herr und mein Gott,
nimm alles von mir, was mich hindert zu dir.
Mein Herr und mein Gott,
gib alles mir, was mich fördert zu dir.
Mein Herr und mein Gott,
nimm mich mir und gib mich ganz zu eigen dir.
Niklaus von Flüe (GL 9,5 / KG 191,5)

ERGEBUNG IN GOTTES WILLEN

Mein Vater, ich überlasse mich dir;
mach mit mir, was dir gefällt.
Was du auch mit mir tun magst, ich danke dir.
Zu allem bin ich bereit, alles nehme ich an,
wenn nur dein Wille sich an mir erfüllt

und an allen deinen Geschöpfen.
Weiter verlange ich nichts, mein Gott.
In deine Hände lege ich meine Seele.
Ich gebe sie dir, mein Gott,
mit der ganzen Liebe meines Herzens,
weil ich dich liebe,
und weil diese Liebe mich treibt,
mich dir hinzugeben,
mich in deine Hände zu legen,
rückhaltlos, mit einem grenzenlosen Vertrauen.
Denn du bist mein Vater. Amen.
Charles de Foucauld (GL 8,7)

IN JESUS GEBORGEN

Jesus, dir leb ich,
Jesus, dir sterb ich.
Jesus, dein bin ich
im Leben und im Tod.

O sei uns gnädig,
sei uns barmherzig,
führ uns, o Jesus,
in deine Seligkeit. Amen.
(GL 367 / KG 197)

WER NUR DEN LIEBEN GOTT LÄSST WALTEN

Wer nur den lieben Gott lässt walten
und hoffet auf ihn allezeit,
den wird er wunderbar erhalten
in aller Not und Traurigkeit.
Wer Gott, dem Allerhöchsten, traut,
der hat auf keinen Sand gebaut.

Was helfen uns die schweren Sorgen,
was hilft uns unser Weh und Ach?
Was hilft es, dass wir alle Morgen
beseufzen unser Ungemach?
Wir machen unser Kreuz und Leid
nur größer durch die Traurigkeit.

Sing, bet und geht auf Gottes Wegen,
verricht das Deine nur getreu
und trau des Himmels reichem Segen,
so wird er bei dir werden neu.
Denn welcher seine Zuversicht
auf Gott setzt, den verlässt er nicht.
Johann Georg Neumark 1657 (GL 424 / KG 541)

VON GUTEN MÄCHTEN TREU UND STILL UMGEBEN

Von guten Mächten treu und still umgeben,
behütet und getröstet wunderbar,
so will ich diese Tage mit euch leben
und mit euch gehen in ein neues Jahr.

Noch will das alte unsre Herzen quälen,
noch drückt uns böser Tage schwere Last.
Ach Herr, gib unsern aufgeschreckten Seelen
das Heil, für das du uns geschaffen hast.

Und reichst du uns den schweren Kelch, den bittern
des Leids, gefüllt bis an den höchsten Rand,
so nehmen wir ihn dankbar ohne Zittern
aus deiner guten und geliebten Hand.

Doch willst du uns noch einmal Freude schenken
an dieser Welt und ihrer Sonne Glanz,
dann wolln wir des Vergangenen gedenken,
und dann gehört dir unser Leben ganz.

Lass warm und hell die Kerzen heute flammen,
die du in unsre Dunkelheit gebracht,
führ, wenn es sein kann, wieder uns zusammen.
Wir wissen es, dein Licht scheint in der Nacht.

Wenn sich die Stille nun tief um uns breitet,
so lass uns hören jenen vollen Klang
der Welt, die unsichtbar sich um uns weitet,
all deiner Kinder hohen Lobgesang.

Von guten Mächten wunderbar geborgen,
erwarten wir getrost, was kommen mag.
Gott ist bei uns am Abend und am Morgen
und ganz gewiss an jedem neuen Tag.
Dietrich Bonhoeffer 1944 (GL 430)

Weitere Gebete:
Abschnitt „In Leid und Not“ (GL 17 / KG 723; 726)
Andacht „Krankheit und Not“ (GL 680,5–6)

Liedtexte:
Abschnitt „Vertrauen und Trost“ (GL 414–435)
Abschnitt „Bitte und Klage“ (GL 436–441)

III. ANRUFUNGEN DER GOTTESMUTTER

Maria, breit den Mantel aus,
mach Schirm und Schild für uns daraus;
lass uns darunter sicher stehn,
bis alle Stürm vorübergehn.
Patronin voller Güte,
uns allezeit behüte.

O Mutter der Barmherzigkeit,
den Mantel über uns ausbreit;
uns all darunter wohl bewahr
zu jeder Zeit in aller Gfahr.
Patronin voller Güte,
uns allezeit behüte.
(GL 534,1+4)

Unter deinen Schutz und Schirm
fliehen wir, o heilige Gottesmutter,
verschmähe nicht unser Gebet in unseren Nöten,
sondern erlöse uns jederzeit von allen Gefahren.
O du glorreiche und gebenedeite Jungfrau,
unsere Frau, unsere Mittlerin,
unsere Fürsprecherin,

versöhne uns mit deinem Sohne,
empfiehl uns deinem Sohne,
stelle uns vor deinem Sohne.
(GL 5,7)

Das Mariengebet kann mit der folgenden Oration abgeschlossen werden.

L: Bitte für uns, heilige Gottesmutter,
A: dass wir würdig werden
der Verheißungen Christi.

L: Herr und Gott, auf die Fürsprache der Gottesmutter Maria schenke uns die Gesundheit des Leibes und das Heil der Seele. Nimm von uns die Traurigkeit dieser Zeit und führe uns zur ewigen Freude.
Darum bitten wir durch Christus, unseren Herrn.
A: Amen.

IV. WEITERE GEBETE

SEI HIER BEI UNS, HERR

Herr Jesus Christus,
du hast deine Liebe und Barmherzigkeit
den Kranken und Schwachen gezeigt.
In deiner Nähe konnten sie aufatmen
und neue Hoffnung schöpfen.
Durch dich haben sie Heilung,
Frieden und Versöhnung gefunden.

Herr, wir bitten dich,
sei auch hier bei uns.
Lass uns deine segnende Hand spüren
und schenke uns dein Heil.
Gib uns Geduld und Kraft,
diese Zeit zu bestehen.
Lass uns nicht verzagen.
Hilf uns, die Zeit zu nützen
für gute Worte und Gesten der Liebe.
Öffne unsere Augen und unser Herz für deine
Wunder.

So segne und bewahre uns der Herr, unser Gott,
durch seinen Sohn Jesus Christus
in der Kraft des Heiligen Geistes. Amen.
Margret Schäfer-Krebs (GL 17,4)

GIB UNS KRAFT VON DEINER KRAFT

Gütiger Gott, wir bringen alles vor dich, was uns bewegt: die vergangene Nacht und den heutigen Tag – unsere Sorgen und Lasten, unsere Not und unsere Befürchtungen.

Aber auch jeden Gedanken der Hoffnung, jeden Lichtschein der Zuversicht, der in unserem Herzen wohnt, tragen wir zu dir hin.

Und wir bitten dich: Sieh auf unsere Sehnsucht nach Gesundheit, unsere Sehnsucht nach Heilsein an Körper und Seele.

Gib uns Kraft von deiner Kraft und halte schützend deine Hand über uns, damit wir nicht müde werden und verzagen.

Gib uns Kraft von deiner Kraft, damit wir uns nicht aufreiben an den Grenzen, die Krankheit und Schmerzen uns setzen.

Gib uns Kraft von deiner Kraft und schenke uns ab und an einen Menschen, von dem wir uns verstanden und angenommen wissen, der uns tröstet und hält.

Herr, so oft hast du uns schon getragen und gehalten, wenn wir schwach und am Boden waren – so halte uns auch jetzt geborgen in deiner Hand.

Gütiger Gott, bewahre uns und alle, die uns ans Herz gewachsen sind, in deiner Liebe.
Darum bitten wir durch Jesus Christus,
unseren Bruder und Herrn. Amen.
Barbara John

IN GROßER SORGE UM …

Herr, unser Gott, zu dir kommen wir in unserer Not, wir rufen zu dir und bitten dich von ganzem Herzen um Hilfe und Heilung für N. Du weißt um ihn / sie und um seine / ihre Not (…) Du weißt, wie sehr wir uns um ihn / sie sorgen, wie sehr wir hin und her geworfen sind zwischen Bangen und Hoffen. Wir bitten dich, Herr, wende dich uns zu, halte segnend und schützend deine Hand über N. Gib ihm / ihr was er / sie braucht, um diese Stunden, diese Tage, zu bestehen. Herr, in der Gewissheit, dass du uns liebst, bitten wir dich: Schenke uns allen die Erfahrung deiner Gegenwart – lass uns spüren, dass du bei uns bist, gerade jetzt, da wir viel bewusster und mit ganzem Herzen auf dich unsere Hoffnung setzten. Lass uns spüren, dass du bei uns bist, und begleite uns mit deinem Segen durch diese sorgenvollen Stunden.
Darum bitten wir durch Christus,
unsern Bruder und Herrn. Amen.

Barbara John

Die Feier des Krankensegens

Seelsorgerinnen und Seelsorgern, die Kranke besuchen, können einen kurzen Segensgottesdienst feiern. In der Regel besteht er aus Schriftlesung, gemeinsamem Gebet und Krankensegen. Dabei soll der Wortgottesdienst den jeweiligen *Umständen* angepasst werden. In jedem Fall wird man ein Schriftwort vortragen und ein Segensgebet sprechen.

Die *Verkündigung* der Botschaft vom barmherzigen Gott und vom Mitleid Jesu mit den Kranken kann für Kranke als tröstend und stärkend empfunden werden. Im *Krankensegen* drückt die Gemeinde, die christliche Familie, dem kranken Menschen ihre Anteilnahme und Nähe aus, möchte ihm Hoffnung und Zuversicht schenken und erbittet Heil und Wohlergehen von Gott.

Bei der Segnung von Kranken kann *Weihwasser* verwendet werden. Weihwasser weist auf Leben und Reinigung hin und ist Erinnerungszeichen an die Taufe. So kann gerade das Bezeichnen mit geweihtem Wasser als Bekräftigung der Taufe eine angemessene Sakramentalie in der seelsorgerlichen Begleitung von Kranken sein. Das reiche Erbarmen Gottes und die Zusage seiner heilenden Nähe kann damit nicht nur im Wort, sondern auch im Zeichen erfahren werden. Mit dem/der Kranken und ggf. mit den Angehörigen sollen vorab die Art und Weise der Feier des Krankensegens abgesprochen werden.

AUFBAU DER FEIER

ERÖFFNUNG
WORTGOTTESDIENST
- Schriftlesung/Schriftwort
- [Geistliches Wort]
- Fürbitten und Gebet des Herrn

KRANKENSEGEN
- Anrufungen
- Segensgebet

ABSCHLUSS
- [Mariengebet]
- Schlusssegen

ERÖFFNUNG

Nach der Begrüßung des/der Kranken und der Angehörigen können einführende Worte gesprochen werden:

L: Wir sind hier zusammengekommen, weil N. (ernsthaft) krank ist. Wir sind in Sorge, wie es weitergeht. Die Heilige Schrift überliefert uns, wie sehr sich Jesus den Kranken zugewandt hat und viele Krankheiten und Leiden heilte. Er will uns auch heute nahe sein. Daher wollen wir ihn gemeinsam um seine Kraft und um seinen Beistand für N. bitten.

Wenn wir jetzt uns selbst mit Weihwasser bekreuzigen und später N. mit Weihwasser gesegnet wird, erinnern wir uns daran, dass wir seit unserer Taufe Kinder Gottes heißen und in besonderer Weise bei Gott geborgen sind.

Es wird Weihwasser gereicht, mit dem sich jeder bekreuzigen kann.

L: Im Namen des Vaters und des Sohnes
und des Heiligen Geistes.
A: Amen.

L: Barmherziger Gott, du bist in unserer Mitte.
Wir bitten dich: Öffne unsere Ohren und unsere Herzen für dein Wort, das uns Heil uns Segen schenkt.
Darum bitten wir durch Christus, unseren Herrn.
A: Amen.

WORTGOTTESDIENST

SCHRIFTLESUNG/SCHRIFTWORT

Einer/Eine der Anwesenden trägt eine kurze Schriftlesung vor:

A Mt 11,28

V: In jener Zeit sprach Jesus: Kommt alle zu mir, die ihr mühselig und beladen seid! Ich will euch erquicken.

B 2 Kor 1,3–4

V: Im zweiten Brief des Apostels Paulus an die Gemeinde in Korínth heißt es:
Gepriesen sei der Gott und Vater Jesu Christi, unseres Herrn, der Vater des Erbarmens und der Gott allen Trostes. Er tröstet uns in all unserer Not, damit auch wir die Kraft haben, alle zu trösten, die in Not sind, durch den Trost, mit dem auch wir von Gott getröstet werden.

C Ps 27,1.7

V: Im Buch der Psalmen heißt es:
Der HERR ist mein Licht und mein Heil: Vor wem sollte ich mich fürchten? Der HERR ist die Zuflucht meines Lebens: Vor wem sollte mir bangen? Höre, HERR, meine Stimme, wenn ich rufe; sei mir gnädig gib mir Antwort!

D Bei einem kranken Kind: Mk 10,13b.16

V: In jener Zeit brachte man Kinder zu Jesus, damit er sie berühre. Und er nahm die Kinder in seine Arme; dann legte er ihnen die Hände auf und segnete sie.

[GEISTLICHES WORT]

Auf die Schriftlesung kann ein kurzes geistliches Gespräch über das gehörte Wort Gottes folgen.

FÜRBITTEN UND GEBET DES HERRN

Es können folgende oder frei formulierte Fürbitten gesprochen werden.

L: Herr Jesus Christus, du hast unsere Krankheit getragen und unsere Schmerzen auf dich geladen. Du willst, dass die Mühseligen und Geplagten bei dir Ruhe und Heilung finden. Zu dir rufen wir:

V: Wir bitten voll Vertrauen für N. Hilf ihm / ihr in seiner / ihrer Krankheit. Schenke ihm / ihr neue Kraft und neuen Mut. – Stille –

V: Christus, höre uns.
A: Christus, erhöre uns.

V: Gib ihm / ihr ein Herz, das dir vertraut, damit er / sie alles aus deiner Hand annehmen kann. – Stille – V/A
V: Sei allen Kranken nahe mit deiner Liebe und stärke sie. – Stille – V/A
V: Gib allen Kraft, die Kranke pflegen und ihnen beistehen. – Stille – V/A

L: Alle ausgesprochenen Bitten und alles, was uns innerlich bewegt, legen wir in Gottes Hände mit dem Gebet, das Jesus uns zu beten gelehrt hat:
A: Vater unser ... (siehe S. 241)

KRANKENSEGEN

An das Gebet des Herrn schließt sich eines der folgenden Segensgebete an. Während des Segensgebetes können Priester und Diakone dem/der Kranken die Hände auflegen. Andere Seelsorgerinnen und Seelsorger segnen den kranken Menschen, indem sie ihm nach dem Segensgebet (mit Weihwasser) ein Kreuz auf die Stirn zeichnen.

ANRUFUNGEN

L: Unsere Hilfe ist im Namen des Herrn.
A: Der Himmel und Erde erschaffen hat.

L: Herr, erhöre mein Gebet.
A: Und lass mein Rufen zu dir kommen.

SEGENSGEBET

A L: Barmherziger Gott, wir vertrauen auf dich. Aus Güte und Menschenfreundlichkeit hast du deinen Sohn als Erlöser und Heiland in die Welt gesandt. Er hat Kranke geheilt, Notleidende seliggepriesen und denen Glück und Heil verheißen, die an dich glauben. Deshalb sind wir zuversichtlich. Wir bitten dich: Segne ⌊diesen Kranken N. / diese Kranke N.⌋. Lass ⌊ihn / sie⌋ nicht allein. Sei ⌊ihm / ihr⌋ nahe, wenn ⌊er / sie⌋ mutlos wird. Stärke in ⌊ihm / ihr⌋ die Hoffnung auf Besserung und Heilung. Vermehre in ⌊ihm / ihr⌋ den Glauben an dich, bei dem kein Ding unmöglich ist. Bewahre ⌊ihn / sie⌋ in deiner Liebe, die sichtbar geworden ist in deinem Sohn Jesus Christus, der mit dir lebt und herrscht in alle Ewigkeit.
A: Amen.

B Für eine/n Schwerkranke/n:

L: Herr Jesus Christus, du hast dich der Kranken erbarmt und ihnen deine Liebe und Sorge geschenkt. Erbarme dich ⌊unseres Bruders N. / unserer Schwester N.⌋, ⌊der / die⌋ schwerkrank daniederliegt. Das Gebet des Glaubens richte ⌊ihn / sie⌋ auf. Verzeih ⌊ihm / ihr⌋ ⌊seine / ihre⌋ Sünden und schenke ⌊ihm / ihr⌋ deine Liebe. Lass ⌊ihn / sie⌋ geborgen sein im Willen deines Vaters, mit dem du lebst und herrschst in alle Ewigkeit.
A: Amen.

C Für ein krankes Kind:

L: Gott der Liebe, du bist immer um uns besorgt, du bist mächtig und kannst uns helfen. Steh uns bei in dieser Not. Schau her auf dein Kind N., das

krank ist. Behüte ⌊ihn / sie⌋ in jeder Gefahr und schenke ⌊ihm / ihr⌋ (Gesundheit und) dein Heil. Darum bitten wir im Namen Jesu, unseres Herrn.
A: Amen.

ABSCHLUSS

[MARIENGEBET]

Nach dem Segensgebet kann der/die Kranke der Fürsprache und dem Schutz der Gottesmutter empfohlen werden. Dazu eignen sich etwa das Gegrüßet seist du, Maria oder das Gebet Unter deinen Schutz und Schirm (siehe S. 70 f.).

SCHLUSSSEGEN

A Wenn ein Laie die Feier leitet:

L: Unsere Hilfe ist im Namen des Herrn.
A: Der Himmel und Erde erschaffen hat.

L: Jesus, der Herr, der Gutes tat und die Kranken heilte, segne uns,
er bewahre uns vor allem Bösen
und führe uns zum ewigen Leben.
Das gewähre uns der dreieinige Gott,
der Vater und der Sohn und der Heilige Geist.
A: Amen.

B Wenn ein Priester oder Diakon die Feier leitet:

P/D: Der Herr sei mit euch.
A: Und mit deinem Geiste.

P/D: Es segne dich Gott, der Vater.
Es heile dich Gott, der Sohn.
Es erleuchte dich Gott, der Heilige Geist.
Und euch alle, die ihr hier versammelt seid,
segne der allmächtige Gott,
der Vater und der Sohn + und der Heilige Geist.
A: Amen.

Die Feier der Haus- und Krankenkommunion

Seit den Anfängen der Kirche wird Kranken das eucharistische Brot aus der sonntäglichen Eucharistieversammlung gebracht, um ihnen die Teilhabe am *Leib Christi* zu schenken und sie zu *stärken*. Dadurch wird deutlich, dass Christus die Kranken in besonderer Weise liebt und ihnen seine Nähe schenken will. Zugleich ist das Bringen der Krankenkommunion Ausdruck der Sorge der Gemeinde für ihre Kranken. Sie hält die Gemeinschaft der Kranken mit der Gemeinde lebendig und festigt sie. Ein besonderes Zeichen der Verbundenheit mit der konkreten kirchlichen Gemeinschaft vor Ort ist es, wenn die Kommunion aus dem Sonntagsgottesdienst der eigenen Pfarrei gebracht wird.

Alle für die Seelsorge Verantwortlichen sollen bemüht sein, dass Kranken und älteren Menschen die heilige Kommunion häufig gebracht wird. Dafür soll eine ausreichende Anzahl von Helferinnen und Helfern zur Verfügung stehen. Zu diesem *Dienst* können Frauen und Männer beauftragt werden.

Die Kommunion kann an allen Tagen zu jeder Tageszeit gebracht werden. Am Karsamstag ist nur die Spendung der Wegzehrung (Kommunion in der Sterbestunde) möglich.

Zum *Überbringen der Kommunion* benutzt man ein verschließbares Gefäß, das in der Regel von der Pfarrgemeinde zur Verfügung gestellt wird. Wenn Kranke nicht mehr in der Lage sind, die Eucharistie unter der Gestalt des Brotes zu empfangen, kann sie ihnen unter der Gestalt des Weines gereicht werden.

Die *Angehörigen* sollen, soweit es möglich ist, an der Feier teilnehmen. Sie können zugleich mit dem/der Kranken die heilige Kommunion empfangen.

Bei der *Hauskommunion für ältere Menschen* kann es sinnvoll sein, die Texte dahingehend auszuwählen, dass weniger die Stärkung in akuter Krankheit im Vordergrund steht, als der Blick auf die bleibende Gemeinschaft mit Christus und seiner Kirche.

Für die Kommunionspendung in Krankenhäusern, Seniorenheimen und bei außergewöhnlichen Fällen kann eine *Kurzform* verwendet werden, z. B. wenn die Kommunion mehreren Kranken in verschiedenen Räumen des gleichen Hauses - etwa eines Krankenhauses oder Altenpflegeheimes - gebracht wird, oder wenn der Zustand des/der Kranken einen längeren Ritus nicht zulässt.

Die unbedingt erforderlichen Elemente der Kurzform sind am Rand mit einer schwarzen Linie markiert. Darüber hinaus wird es in den meisten Fällen sinnvoll sein, zumindest das Vaterunser und den Segen einzufügen.

Kranke, die sich in unmittelbarer Lebensgefahr befinden, sollen durch die heilige Eucharistie als *Wegzehrung* gestärkt werden (siehe S. 117 ff.).

VORBEREITUNGEN

Für die häusliche Kommunionfeier soll der Raum passend hergerichtet werden. Dazu gehören:

- ☐ ein mit einem weißen Tuch bedeckter Tisch
- ☐ ein Kreuz
- ☐ Kerze(n)
- ☐ wenn möglich: Weihwasser mit Zweig
- ☐ wenn notwendig: ein Glas Trinkwasser

AUFBAU DER FEIER

Die mit [ ] gekennzeichneten Teile können entfallen.

ERÖFFNUNG
- Gruß
- Verehrung der Eucharistie
- Reichen des Weihwassers
- Schuldbekenntnis und Vergebungsbitte

WORTGOTTESDIENST
- Schriftlesung/Schriftwort
- [Geistliches Wort]
- [Fürbitten]

KOMMUNION
- Gebet des Herrn
- **Einladung zur Kommunion**
- **Kommunion**
- Danksagung
- Schlussgebet

ABSCHLUSS
- Segen

ERÖFFNUNG

GRUSS

L begrüßt den/die Kranke/n und alle Anwesenden. Dabei kann eines der folgenden liturgischen Grußworte verwendet werden.

A L: Der Friede sei mit diesem Haus
und mit allen, die darin wohnen.

B L: Friede sei allen, die hier wohnen.

C L: Gelobt sei Jesus Christus.
A: In Ewigkeit. Amen.

D Oder wenn ein Priester oder Diakon die Feier leitet:

P/D: Die Gnade des Herrn Jesus Christus,
der den Kranken seine Liebe schenkt, sei mit euch.
A: Und mit deinem Geiste.

VEREHRUNG DER EUCHARISTIE

Das Gefäß mit dem Allerheiligsten wird auf den Tisch gestellt. Alle verehren in stiller Anbetung das Sakrament. Die stille Anbetung kann mit den folgenden Worten abgeschlossen werden:

L: Gelobt und gepriesen sei ohne End
Jesus Christus im heiligsten Sakrament.

An dieser Stelle kann gegebenenfalls ein Lied gesungen werden:
- Eröffnungsgesänge (GL 140–149 / KG 35–49)
- Gesang zur Anbetung (GL 492–498 / KG 217–222)
- Gesang entsprechend der Kirchenjahreszeit (GL 218–351 / KG 296–502)

REICHEN DES WEIHWASSERS

L nimmt Weihwasser und bekreuzigt sich damit. L reicht es dem/der Kranken und den anderen Anwesenden, damit sie sich selbst bekreuzigen, oder L besprengt sie. Dazu kann L sprechen:

L: Aus dem Wasser und dem Heiligen Geist
hat Gott uns neues Leben geschenkt.
Wir sind getauft im Namen des Vaters
und des Sohnes und des Heiligen Geistes.
A: Amen.

SCHULDBEKENNTNIS UND VERGEBUNGSBITTE

Wenn ein Priester die Feier leitet und der/die Kranke es wünscht, empfängt er/sie jetzt das Sakrament der Buße. In diesem Fall werden die übrigen Anwesenden gebeten, das Zimmer vorübergehend zu verlassen.
Andernfalls werden alle Anwesenden etwa mit folgenden Worten zum Schuldbekenntnis eingeladen:

A L: Schwestern und Brüder, damit wir diese heilige Feier in der rechten Gesinnung begehen, prüfen wir uns selbst und bekennen unsere Schuld.

Es folgt eine kurze Stille, danach sprechen alle gemeinsam das Schuldbekenntnis.

A: Ich bekenne Gott, dem Allmächtigen, ...
(siehe S. 241)

L: Der allmächtige Gott erbarme sich unser,
er lasse uns die Sünden nach
und führe uns zum ewigen Leben.
A: Amen.

B L: In der Heiligen Kommunion kommt Christus zu uns. Wir Menschen dürfen Gott begegnen. Wir, so wie wir sind, mit allem, was uns bewegt, auch mit unseren Fehlern und unserer Schwachheit. Zu ihm rufen wir:

V: Herr Jesus Christus, du bist vom Vater gesandt
zu heilen, was verwundet ist:
Herr, erbarme dich unser.
A: Herr, erbarme dich unser.

V: Du bist gekommen, die Sünder zu berufen: Christus, erbarme dich unser.
A: Christus, erbarme dich unser.

V: Du bist zum Vater heimgekehrt, um für uns einzutreten: Herr, erbarme dich unser.
A: Herr, erbarme dich unser.

L: Der Herr erbarme sich unser. Er lasse uns die Sünden nach und führe uns zum ewigen Leben.
A: Amen.

WORTGOTTESDIENST

SCHRIFTLESUNG/SCHRIFTWORT

Nun kann einer/eine der Anwesenden eine Lesung aus der Heiligen Schrift vortragen. Wird die heilige Kommunion am Sonntag überbracht, ist es angemessen, eine der Lesungen der jeweiligen Sonntagsmesse auszuwählen. Wenn eine längere Schriftlesung die Aufmerksamkeit des alten oder kranken Menschen überfordern würde, kann auch ein einfaches Schriftwort vorgetragen werden:

A Joh 6,54–55

V: Jesus spricht:
Wer mein Fleisch isst und mein Blut trinkt, hat das ewige Leben und ich werde ihn auferwecken am Jüngsten Tag. Denn mein Fleisch ist wahrhaft eine Speise und mein Blut ist wahrhaft ein Trank.

B Joh 14,6

V: Jesus spricht:
Ich bin der Weg und die Wahrheit und das Leben; niemand kommt zum Vater außer durch mich.

C Offb 3,20

V: So spricht der treue und zuverlässige Zeuge: Ich stehe vor der Tür und klopfe an. Wenn einer meine Stimme hört und die Tür öffnet, bei dem werde ich eintreten und Mahl mit ihm halten und er mit mir.

[GEISTLICHES WORT]

Auf die Schriftlesung kann ein kurzes geistliches Gespräch über das gehörte Wort Gottes folgen.

[FÜRBITTEN]

Es können folgende oder frei formulierte Fürbitten gesprochen werden.

L: Herr Jesus Christus, du hattest Mitleid mit kranken und leidenden Menschen.
Wir rufen zu dir:
V: Schenke ⌊unserem Bruder N. / unserer Schwester N.⌋ Kraft und Trost. – Stille –

V: Gott, unser Vater.
A: Wir bitten dich, erhöre uns.

V: Richte ⌊ihn / sie⌋ auf und mache ⌊ihn / sie⌋ gesund.
oder: Hilf ⌊ihm / ihr⌋, ⌊seine / ihre⌋ Krankheit zu tragen.
oder: Gib ⌊ihm / ihr⌋ Geduld in den Mühen des Alters.
– Stille – V/A
V: Sei allen in unserer Gemeinde nahe, die durch Krankheit aus ihrem Alltag herausgerissen werden oder unter Einschränkungen des Alters leiden.
– Stille – V/A
V: Segne alle, die sich um die kranken und alten Menschen kümmern.
– Stille – V/A
V: Stehe den Sterbenden in ihrer letzten Stunde bei.
– Stille – V/A

V: Führe uns alle zum Ziel unseres Lebens.
– Stille – V/A

L: Denn du bist der Weg, die Wahrheit und das Leben. Dir sei mit dem Vater und dem Heiligen Geist die Ehre in Ewigkeit.
A: Amen.

KOMMUNION

GEBET DES HERRN

L öffnet das Gefäß mit der Eucharistie.
Dann leitet L mit folgenden oder ähnlichen Worten in das Gebet des Herrn ein:

L: Lasst uns alle gemeinsam zu Gott, dem Vater, beten, wie unser Herr Jesus Christus uns zu beten gelehrt hat:
A: Vater unser ... (siehe S. 241)

EINLADUNG ZUR KOMMUNION

L macht eine Kniebeuge, zeigt den Leib des Herrn (erhebt das Gefäß mit dem Blut Christi) und spricht:

L: Seht das Lamm Gottes,
das hinwegnimmt die Sünde der Welt.
A: Herr, ich bin nicht würdig,
dass du eingehst unter mein Dach,
aber sprich nur ein Wort,
so wird meine Seele gesund.

L fügt einen Kommunionspruch an:

A L: Wer von diesem Brot isst,
wird leben in Ewigkeit.

B L: Selig, die zum Hochzeitsmahl
des Lammes geladen sind.

C L: Kostet und seht, wie gut der Herr ist.

KOMMUNION

L tritt zum/zur Kranken, zeigt das Sakrament und spricht:

L: **Der Leib Christi.** (Oder: **Das Blut Christi.**)

Der/Die Kranke: **Amen.**

Die Anwesenden, die kommunizieren wollen, empfangen den Leib des Herrn in der gewohnten Weise.
L purifiziert anschließend oder nach der Feier das Gefäß.

DANKSAGUNG

Nach Möglichkeit soll nach dem Empfang der Eucharistie eine Gebetsstille gehalten werden.
Danach kann gegebenenfalls mit dem/der Kranken zur Danksagung ein Lied gesungen (GL 209–216 / KG 141–152) oder eines der folgenden Gebete gesprochen werden.

A **Jesus, du bist einst bei Sündern eingekehrt und hast mit ihnen gespeist. Du hattest Erbarmen mit kranken Menschen und hast sie geheilt. Mit den Jüngern hast du Mahl gehalten und ihnen deinen kostbaren Leib und dein kostbares Blut geschenkt. Nun bist du bei mir.**
Bleibe bei mir und stärke mich durch deine Gnade (in meiner Krankheit / in meinem Alter).
Lass mich einst zu dir gelangen in dein Reich, wo es keine Mühsal mehr gibt, keine Trauer und keinen Schmerz.

B Ps 23 (siehe S. 64)

C Seele Christi, heilige mich (siehe S. 106)

D Weitere geeignete Gebete – auch zum privaten Beten nach der Feier: GL 6; 8,2–7; 9,1–7.

SCHLUSSGEBET

L: Lasst uns beten.
Herr, heiliger Vater, allmächtiger, ewiger Gott, voll Vertrauen beten wir zu dir für ⌊deinen Diener N. / deine Dienerin N.⌋: Der Leib (Das Blut) deines Sohnes, den (das) ⌊er / sie⌋ empfangen hat, gebe ⌊ihm / ihr⌋ Kraft, ⌊sein / ihr⌋ Leiden in Geduld mit Christus zu tragen, der mit dir lebt und herrscht in Ewigkeit.
A: Amen.

ABSCHLUSS

SEGEN

A Wenn ein Laie die Feier leitet:

L: Der Friede Gottes, der alles Begreifen übersteigt, bewahre unsere Herzen und unsere Gedanken in der Gemeinschaft mit Christus Jesus, unserem Herrn.
Das gewähre uns der dreieinige Gott,
der Vater und der Sohn und der Heilige Geist.
A: Amen.

B Wenn ein Priester oder Diakon die Feier leitet:

P/D: Der Friede Gottes, der alles Begreifen übersteigt, bewahre eure Herzen und eure Gedanken in der Gemeinschaft mit Christus Jesus, unserem Herrn.
Das gewähre euch der dreieinige Gott,
der Vater und der Sohn + und der Heilige Geist.
A: Amen.

Die Feier der Krankensalbung

Seit den Tagen der Apostel feiert die Kirche die Krankensalbung als eine sakramentale Begegnung mit Christus, die *für die ernsthaft erkrankten Menschen* bestimmt ist. Der Jakobusbrief bezeugt die Feier dieses Sakramentes (Jak 5,14 f.): „Ist einer unter euch krank, dann rufe er die Ältesten der Gemeinde zu sich; sie sollen Gebete über ihn sprechen und ihn im Namen des Herrn mit Öl salben. Das gläubige Gebet wird den Kranken retten und der Herr wird ihn aufrichten; und wenn er Sünden begangen hat, werden sie ihm vergeben."

Im Sakrament der Krankensalbung will der Herr den kranken Gläubigen in besonderer Weise aufrichtend, stärkend und verzeihend nahe sein. Die Krankensalbung soll mit den Gläubigen gefeiert werden, die sich wegen Krankheit oder Altersschwäche in einem bedrohlich angegriffenen Gesundheitszustand befinden.

Das Sakrament hat seinen Platz *in der Situation jeder ernstlichen physischen oder psychischen Erkrankung* und kann deshalb mehrmals im Leben, ja auch innerhalb einer fortschreitenden Krankheit wiederholt empfangen werden. *Vor einem chirurgischen Eingriff* kann die Krankensalbung immer dann gefeiert werden, wenn eine gefahrbringende Erkrankung der Grund für die Operation ist. Auch mit *Kindern* soll die heilige Salbung gefeiert werden, wenn sie verstehen können, dass sie durch dieses Sakrament Stärkung erfahren können. Im Falle eines Zweifels darüber, ob sie den Vernunftgebrauch erlangt haben, ist dieses Sakrament zu feiern. Kranken, die *das Bewusstsein oder den Vernunftgebrauch verloren* haben, ist das Sakrament zu spenden, wenn sie als gläubige Christen wenigstens einschlussweise um dieses Sakrament gebeten haben, als sie noch bei Bewusstsein waren.

Wenn der/die Kranke beim Eintreffen des Priesters *bereits verstorben* ist, feiert man nicht mehr die Salbung, sondern man spricht die „Gebete nach dem Verscheiden" (siehe S. 152 ff.). Im Zweifel, ob der/die Kranke auch wirklich verstorben ist, ist dieses Sakrament nach der unten beschriebenen Ordnung zu feiern (vgl. c. 1005 CIC).

Die Feier der Krankensalbung ist allein *dem Priester vorbehalten*. Die ordentlichen Träger dieses Dienstes sind die Bischöfe, Pfarrer, Pfarrvikare, Krankenhausseelsorger und Oberen der Klerikergemeinschaften. Aus vernünftigem Grund darf jeder andere Priester mit der wenigstens vermuteten Zustimmung des oben genannten Amtsträgers dieses Sakrament spenden. Diesem soll er nachträglich die Spendung des Sakraments melden.

Für die Salbung wird Olivenöl oder je nach den Gegebenheiten ein anderes Pflanzenöl als geeignete „materia sacramenti" gebraucht. Die *Weihe des Krankenöls* wird in der Regel in der Chrisammesse (am Gründonnerstag) vom Bischof vorgenommen.

Im Notfall kann jeder Priester das Öl vor der Salbung weihen. Wenn der Priester innerhalb der Feier der Krankensalbung das Öl geweiht hat, wird das übrig gebliebene Öl – mit Watte vermischt – nach Abschluss der Feier verbrannt.

Die *Salbung* erfolgt, indem der/die Kranke auf der Stirn und auf den Händen gesalbt wird. Dabei ist es angebracht, die Spendeformel so aufzuteilen, dass der erste Teil während der Stirnsalbung, der zweite Teil während der Händesalbung gesprochen wird.

Im Notfall genügt jedoch eine einzige Salbung auf der Stirn oder – in einer außergewöhnlichen Situation – an einer anderen, besser geeigneten Stelle des Körpers. Dabei ist die volle Formel zu sprechen.

Die Feier soll in einer Atmosphäre der Ruhe und des Gebets erfolgen. Auch die *Angehörigen*, Nachbarn und vor allem jene Personen, die den/die Kranke/n pflegen und seelsorglich begleiten, sind eingeladen, an der Feier teilzunehmen, mitzubeten und Dienste zu übernehmen.

Der Priester und alle Anwesenden nehmen Rücksicht auf den *Zustand* des/der Kranken, vor allem in der Auswahl der Schriftlesung und der Gebete und in der Dauer der Feier. Ist der/die Kranke nicht bettlägerig, so kann man das Sakrament in der Kirche oder Kapelle feiern. In Krankenhäusern soll der Priester auf andere im Zimmer anwesende Kranke und auf das Empfinden von Nichtkatholiken *Rücksicht* nehmen. Je nach den Umständen kann er sie einladen, am Gebet teilzunehmen.

Wenn der/die Kranke zu *beichten* wünscht, sucht der Priester ihn/sie möglichst schon vor der Feier der Krankensalbung auf. Kann das Bußsakrament erst während des Krankengottesdienstes gefeiert werden, steht es an dessen Beginn. In Verbindung mit der Krankensalbung kann auch die Krankenkommunion gespendet werden.

VORBEREITUNGEN

Für die Feier der Krankensalbung soll der Raum passend hergerichtet werden. Dazu gehören:

- ☐ ein mit einem weißen Tuch bedeckter Tisch
- ☐ ein Kreuz
- ☐ Kerze(n)
- ☐ wenn möglich: Weihwasser mit Zweig
- ☐ wenn notwendig: ein Glas Trinkwasser

AUFBAU DER FEIER

Die mit [ ] gekennzeichneten Teile können entfallen.

ERÖFFNUNG
- Gruß
- Reichen des Weihwassers
- Eröffnungsgebet oder Einführung
- Schuldbekenntnis und Vergebungsbitte

WORTGOTTESDIENST
- Schriftlesung/Schriftwort
- [Gesang und/oder kurze Auslegung]

FEIER DER SALBUNG
- Anrufungen
- Handauflegung und stilles Gebet
- Lobpreis und Anrufung Gottes über dem Öl
- oder Weihe des Krankenöls
- Heilige Salbung
- Gebet nach der Salbung
- Gebet des Herrn

[KOMMUNION
- Einladung zur Kommunion und Kommunion
- Gebet nach der Kommunion]

ABSCHLUSS

ERÖFFNUNG

GRUSS

P begrüßt den/die Kranke/n und alle Anwesenden. Dabei kann er eines der folgenden liturgischen Grußworte verwendet werden.

A P: Der Friede sei mit diesem Haus
und mit allen, die darin wohnen.

B P: Friede sei allen, die hier wohnen.

C P: Der Friede des Herrn sei mit euch.

D P: Die Gnade des Herrn Jesus Christus,
der den Kranken seine Liebe schenkt, sei mit euch.
A: Und mit deinem Geiste.

Die Feier kann auch mit einem Gesang beginnen. Wenn P das Allerheiligste für die Krankenkommunion mitgebracht hat, stellt er das Gefäß auf den Tisch und verharrt mit den Anwesenden in kurzer Anbetung.

REICHEN DES WEIHWASSERS

P nimmt Weihwasser und bekreuzigt sich damit. Er reicht das Wasser dem/der Kranken und den anderen Anwesenden, damit sie sich selbst bekreuzigen, oder er besprengt sie. Dazu kann er sprechen:

P: Aus dem Wasser und dem Heiligen Geist
hat Gott uns neues Leben geschenkt.
Wir sind getauft im Namen des Vaters
und des Sohnes und des Heiligen Geistes.

EINFÜHRUNG UND ERÖFFNUNGSGEBET

P kann mit folgenden oder ähnlichen Worten in die Feier der Krankensalbung einführen:

A P: Unser Herr Jesus Christus hat durch seinen Apostel Jakobus gesagt: „Ist einer unter euch krank, dann rufe er die Ältesten der Gemeinde zu sich; sie sollen Gebete über ihn sprechen und ihn im Namen des Herrn mit Öl salben. Das gläubige Gebet wird den Kranken retten und der Herr wird ihn aufrichten; und wenn er Sünden begangen hat, werden sie ihm vergeben."
Darum bitten wir: Herr Jesus Christus, du bist unsere Hoffnung. Wir haben uns in deinem Namen versammelt und bitten dich vertrauensvoll: Sei uns nahe und beschütze ⌊unseren kranken Bruder N. / unsere kranke Schwester N.⌋ durch dein gütiges Erbarmen.
Der du lebst und herrschst in alle Ewigkeit.
A: Amen.

B P: Liebe Schwestern und Brüder, wir sind hier versammelt im Namen unseres Herrn Jesus Christus. Er hat sich mit großer Liebe der Kranken angenommen und viele geheilt. Als unser Heiland hat er für uns gelitten. Durch den Apostel Jakobus hat er uns aufgetragen: „Ist einer unter euch krank, dann rufe er die Ältesten der Gemeinde zu sich; sie sollen Gebete über ihn sprechen und ihn im Namen des Herrn mit Öl salben. Das gläubige Gebet wird den Kranken retten und der Herr wird ihn aufrichten; und wenn er Sünden begangen hat, werden sie ihm vergeben."
Darum komme ich heute als Priester der Kirche zu Ihnen, ⌊unserem kranken Bruder / unserer kranken Schwester⌋, um über Sie zu beten und Sie im Namen des Herrn mit Öl zu salben. Im gemeinsamen Gebet empfehlen wir Sie der Gnade und der Kraft Christi, damit er Ihnen Erleichterung und Heil schenke.

SCHULDBEKENNTNIS

A Wenn der/die Kranke das Sakrament der Buße empfangen will, aber die Beichte nicht früher ablegen konnte, geschieht dies hier. In diesem Fall bittet P die übrigen Anwesenden, das Zimmer vorübergehend zu verlassen.

B Falls der/die Kranke nicht beichtet, folgt das Allgemeine Schuldbekenntnis, das P mit den folgenden Worten einleitet:

P: Schwestern und Brüder, damit wir die Feier der Krankensalbung in der rechten Gesinnung begehen, prüfen wir uns selbst und bekennen unsere Schuld. (Stille)

A: Ich bekenne, Gott, dem Allmächtigen ...
(siehe S. 241)

C Bei Bewusstlosigkeit des/der Kranken:

P: Lasst uns die eigene Schuld bekennen
und stellvertretend für ⌊unseren schwerkranken Bruder / unsere schwerkranke Schwester⌋
das Schuldbekenntnis sprechen:
A: Ich bekenne, Gott, dem Allmächtigen ...
(siehe S. 241)

VERGEBUNGSBITTE

Nach dem Allgemeinen Schuldbekenntnis spricht P die Vergebungsbitte – entweder für alle oder speziell für den/die Kranke/n.

A P: Der allmächtige Gott erbarme sich unser.
Er lasse uns die Sünden nach
und führe uns zum ewigen Leben.
A: Amen.

B P: Der allmächtige Gott erbarme sich deiner.
Er lasse dir die Sünden nach
und führe dich zum ewigen Leben.
A: Amen.

WORTGOTTESDIENST

SCHRIFTLESUNG/SCHRIFTWORT

Einer/Eine der Anwesenden, notfalls P selbst, liest einen geeigneten Abschnitt aus der Heiligen Schrift vor:

A Mt 8,5–10.13

V: Lesung aus dem heiligen Evangelium nach Matthäus.

In jener Zeit, als Jesus nach Kafárnaum kam, trat ein Hauptmann an ihn heran und bat ihn: Herr, mein Diener liegt gelähmt zu Hause und hat große Schmerzen. Jesus sagte zu ihm: Ich will kommen und ihn heilen. Und der Hauptmann antwortete: Herr, ich bin es nicht wert, dass du unter mein Dach einkehrst; aber sprich nur ein Wort, dann wird mein Diener gesund! Denn auch ich muss Befehlen gehorchen und ich habe selbst Soldaten unter mir; sage ich nun zu einem: Geh!, so geht er, und zu einem andern: Komm!, so kommt er, und zu meinem Diener: Tu das!, so tut er es. Jesus war erstaunt, als er das hörte, und sagte zu denen, die ihm nachfolgten: Amen, ich sage euch: Einen solchen Glauben habe ich in Israel noch bei niemandem gefunden. Und zum Hauptmann sagte Jesus: Geh! Es soll dir geschehen, wie du geglaubt hast. Und in derselben Stunde wurde sein Diener gesund.

B Röm 8,18.24–27

V: Lesung aus dem Brief des Apostels Paulus an die Gemeinde in Rom.

Ich bin überzeugt, dass die Leiden der gegenwärtigen Zeit nichts bedeuten im Vergleich zu der Herrlichkeit, die an uns offenbar werden soll. Denn auf Hoffnung hin sind wir gerettet. Hoffnung aber, die man schon erfüllt sieht, ist keine Hoffnung. Denn wie kann man auf etwas hoffen, das man sieht?

Hoffen wir aber auf das, was wir nicht sehen, dann harren wir aus in Geduld. So nimmt sich auch der Geist unserer Schwachheit an. Denn wir wissen nicht, was wir in rechter Weise beten sollen; der Geist selber tritt jedoch für uns ein mit unaussprechlichen Seufzern. Der die Herzen erforscht, weiß, was die Absicht des Geistes ist. Denn er tritt so, wie Gott es will, für die Heiligen ein.

C Röm 8,35.37–39

V: Lesung aus dem Brief des Apostels Paulus an die Gemeinde in Rom.
Was kann uns scheiden von der Liebe Christi? Bedrängnis oder Not oder Verfolgung, Hunger oder Kälte, Gefahr oder Schwert? Doch in alldem tragen wir einen glänzenden Sieg davon durch den, der uns geliebt hat. Denn ich bin gewiss: Weder Tod noch Leben, weder Engel noch Mächte, weder Gegenwärtiges noch Zukünftiges noch Gewalten, weder Höhe oder Tiefe noch irgendeine andere Kreatur können uns scheiden von der Liebe Gottes, die in Christus Jesus ist, unserem Herrn.

[GESANG UND/ODER KURZE AUSLEGUNG]

Je nach Situation kann auf die Lesung ein Gesang (Psalm) und/oder eine Auslegung folgen.

FEIER DER SALBUNG

ANRUFUNGEN

Das Gebet soll der Situation möglichst angepasst sein. Die Bitten können von den Anwesenden vorgetragen werden.

A P: Lasst uns den Herrn bitten für ⌊unseren kranken Bruder N. / unsere kranke Schwester N.⌋ und für alle, die ⌊ihn / sie⌋ pflegen und die für ⌊ihn / sie⌋ sorgen:

V: Herr nimm dich gütig ⌊dieses / dieser⌋ Kranken an.
A: Wir bitten dich, erhöre uns.

V: Gib ⌊seinem / ihrem⌋ Körper neue Kraft.
A: Wir bitten dich, erhöre uns.

V: Lass ⌊seine / ihre⌋ Ängste schwinden.
A: Wir bitten dich, erhöre uns.

V: Befreie ⌊ihn / sie⌋ von aller Sünde und aller Versuchung.
A: Wir bitten dich, erhöre uns.

V: Eile allen Kranken mit deiner Gnade zu Hilfe.
A: Wir bitten dich, erhöre uns.

V: Stärke mit deiner göttlichen Hilfe alle, die ihnen beistehen.
A: Wir bitten dich, erhöre uns.

V: Schenke ⌊diesem / dieser⌋ Kranken, ⌊dem / der⌋ wir in deinem Namen die Hände auflegen, Leben und Heil.
A: Wir bitten dich, erhöre uns.

B Für ein krankes Kind:

P: Wir wollen jetzt miteinander beten für N.:
V: Jesus, sei diesem Kind nahe und zeige ihm, dass du bei ihm bist und es liebst.

V: Jesus, höre uns.
A: Jesus, erhöre uns.

V: Gib N. neue Kraft und mache ⌊ihn / sie⌋ froh. – V/A
V: Nimm von ⌊ihm / ihr⌋ alle Angst und alles, was traurig macht. – V/A

HANDAUFLEGUNG UND STILLES GEBET

P legt schweigend dem/der Kranken eine Zeit lang die Hände auf.

A LOBPREIS UND ANRUFUNG GOTTES ÜBER DEM ÖL

Steht vom Bischof geweihtes Krankenöl zur Verfügung, spricht P den Lobpreis und die Anrufung Gottes über dem Öl.

P: Sei gepriesen, Gott, allmächtiger Vater: Für uns und zu unserem Heil hast du deinen Sohn in diese Welt gesandt.
Wir loben dich.
A: Wir preisen dich.

P: Sei gepriesen, Gott, eingeborener Sohn: Du bist in die Niedrigkeit unseres Menschenlebens gekommen, um unsere Krankheiten zu heilen.
Wir loben dich.
A: Wir preisen dich.

P: Sei gepriesen, Gott, Heiliger Geist, du unser Beistand: Du gibst uns Kraft und stärkst uns in den Gebrechlichkeiten unseres Leibes.
Wir loben dich.
A: Wir preisen dich.

P: Herr,
schenke ⌊deinem Diener / deiner Dienerin⌋,
⌊der / die⌋ mit diesem heiligen Öl
in der Kraft des Glaubens gesalbt wird,
Linderung ⌊seiner / ihrer⌋ Schmerzen
und stärke ⌊ihn / sie⌋ in ⌊seiner / ihrer⌋ Schwäche.
Durch Christus, unseren Herrn.
A: Amen.

B WEIHE DES KRANKENÖLS

Wenn kein vom Bischof geweihtes Krankenöl zur Verfügung steht, segnet P das Öl.

P: Herr und Gott, du Vater allen Trostes.
Du hast deinen Sohn gesandt, den Kranken in ihren Leiden Heilung zu bringen. So bitten wir dich: Erhöre unser gläubiges Gebet. Sende deinen Heiligen Geist vom Himmel her auf dieses Salböl herab. Als Gabe deiner Schöpfung stärkt und belebt es den Leib. Durch deinen Segen + werde das geweihte Öl für alle, die wir damit salben, ein heiliges Zeichen deines Erbarmens, das Krankheit, Schmerz und Bedrängnis vertreibt, heilsam für den Leib, für Seele und Geist.
Im Namen unseres Herrn Jesus Christus, der mit dir lebt und herrscht in alle Ewigkeit.
A: Amen.

HEILIGE SALBUNG

P nimmt das geweihte Öl und salbt den/die Kranke/n auf der Stirn und auf den Händen.
Bei der Salbung auf der Stirn spricht er:

P: Durch diese heilige Salbung
helfe dir der Herr in seinem reichen Erbarmen,
er stehe dir bei mit der Kraft des Heiligen Geistes.
A: Amen.

Bei der Salbung auf den Händen spricht er:

P: Der Herr, der dich von Sünden befreit,
rette dich,
in seiner Gnade richte er dich auf.
A: Amen.

GEBET NACH DER SALBUNG

A P: Wir bitten dich, Herr, unser Erlöser:
Durch die Kraft des Heiligen Geistes
hilf ⌊diesem / dieser⌋ Kranken
in ⌊seiner / ihrer⌋ Schwachheit.
Heile ⌊seine / ihre⌋ Wunden
und verzeihe ⌊ihm / ihr⌋ die Sünden.
Nimm von ⌊ihm / ihr⌋
alle seelischen und körperlichen Schmerzen.
In deinem Erbarmen richte ⌊ihn / sie⌋ auf
und mache ⌊ihn / sie⌋ gesund an Leib und Seele,
damit ⌊er / sie⌋ sich wiederum
⌊seinen / ihren⌋ Aufgaben widmen kann.
Der du lebst und herrschst in alle Ewigkeit.
A: Amen.

B P: Herr Jesus Christus, du bist der Erlöser aller Menschen. In deinem Leiden hast du unsere Schmerzen auf dich genommen und unsere Schwachheit getragen.
Wir bitten dich für ⌊unseren kranken Bruder N. / unsere kranke Schwester N.⌋: Richte ⌊ihn / sie⌋ auf durch die Hoffnung auf dein Heil und sei ⌊ihm / ihr⌋ Halt in ⌊seiner / ihrer⌋ Krankheit.
Der du lebst und herrschst in alle Ewigkeit.
A: Amen.

C Für Altersschwache:

P: Herr und Gott, sieh gnädig auf
⌊deinen Diener N. / deine Dienerin N.⌋,
⌊der / die⌋ unter den Gebrechen des Alters leidet.
Schenke ⌊ihm / ihr⌋ durch diese heilige Salbung Kraft für Seele und Leib. Stärke ⌊ihn / sie⌋ mit der Fülle deines Geistes, festige ⌊ihn / sie⌋ im Glauben und in der Hoffnung, damit ⌊er / sie⌋ durch Geduld und Gelassenheit allen ein Beispiel sei.
Durch Christus, unseren Herrn.
A: Amen.

D Für ein krankes Kind:

P: Gott, unser Vater, wir haben dein Kind N. mit dem heiligen Öl gesalbt. Nimm ihn / sie in deinen Schutz, schenke ihm / ihr Geborgenheit bei dir und bewahre ihn / sie in deiner Liebe.
Darum bitten wir dich im Namen Jesu, unseres Herrn.
A: Amen.

GEBET DES HERRN

P lädt mit etwa folgenden Worten alle ein, das Gebet des Herrn zu sprechen.

P: Lasst uns das Gebet beschließen mit den Worten, mit denen der Herr uns zu beten gelehrt hat:
A: Vater unser ... (siehe S. 241)

[KOMMUNION]

EINLADUNG ZUR KOMMUNION UND KOMMUNION

Falls der/die Kranke dies wünscht, folgt die Krankenkommunion.

P: Seht das Lamm Gottes,
das hinwegnimmt die Sünde der Welt.
A: Herr, ich bin nicht würdig,
dass du eingehst unter mein Dach,
aber sprich nur ein Wort,
so wird meine Seele gesund.

P: Der Leib Christi. (Oder: Das Blut Christi.)

Der/Die Kranke: Amen.

Danach empfängt er/sie die Kommunion.
Die übrigen Anwesenden, die kommunizieren wollen, empfangen das Sakrament in der gewohnten Weise.

GEBET NACH DER KOMMUNION

P betet nach einer Zeit der Stille das Gebet nach der Kommunion.

P: Lasst uns beten.
Herr, heiliger Vater, allmächtiger, ewiger Gott,
voll Vertrauen beten wir zu dir
für deinen Diener N. / deine Dienerin N.:
Der kostbare Leib / Das kostbare Blut
deines Sohnes, den / das er / sie empfangen hat,
lasse ihn / sie gesunden an Seele und Leib.
Darum bitten wir durch Christus, unseren Herrn.
A: Amen.

ABSCHLUSS

Die Feier schließt mit dem Segen des Priesters.

A P: Es segne dich Gott, der Vater.
Es heile dich Gott, der Sohn.
Es stärke dich Gott, der Heilige Geist.
Er behüte dich und richte dich wieder auf.
Er erfülle dein Herz mit seinem Licht
und führe dich zum himmlischen Leben.
Es segne dich
(und euch alle, die hier versammelt seid,)
der allmächtige Gott,
der Vater und der Sohn + und der Heilige Geist.
A: Amen.

B P: Der Segen des allmächtigen Gottes, des Vaters und des Sohnes + und des Heiligen Geistes, komme auf euch herab und bleibe bei euch allezeit.
A: Amen.

BEGLEITUNG STERBENDER

Die *Sorge um die sterbenden Mitchristen* zählt zu den wichtigsten Aufgaben der christlichen Gemeinde und jedes einzelnen Christen. Christen dürfen ihre Mitchristen in der Not des Sterbens *nicht allein lassen.* Schon die bloße Anwesenheit nahestehender Menschen kann dem/der Sterbenden eine große Hilfe sein. Gemeinsames Gebet und Gesten der Zuwendung zeigen dem/der Sterbenden, dass andere ihn/sie begleiten wollen und mit ihm/ihr Gott um Erbarmen bitten. Ihre Nähe und ihr Gebet werden das gläubige Vertrauen und die Hoffnung des/der Sterbenden auf Christus stärken.

Priester, Diakone, Gesundheits- und Pflegekräfte, Betreuer/innen sowie die mit der Krankenseelsorge beauftragten Laien sollen bemüht sein, zusammen mit den Angehörigen dem/der Sterbenden *beizustehen* und die *Sterbegebete* zu sprechen.

Die biblischen *Lesungen, Psalmen, Schriftworte und sonstigen Gebete,* die in diesem Kapitel zusammengestellt sind, möchten dem/der Sterbenden und den Anwesenden helfen, die natürliche Angst des Menschen vor dem Tod im Glauben zu bewältigen. Sie sollen den/die Sterbende/n befähigen und stärken, diese Angst in der Nachfolge des leidenden und sterbenden Herrn anzunehmen und in der Hoffnung auf das himmlische Leben und die Auferstehung in der Kraft dessen zu überwinden, der unseren Tod durch sein Sterben vernichtet hat.

Die Gläubigen, die dem/der Sterbenden beistehen, auch wenn er/sie schon nicht mehr bei Bewusstsein ist, sollen aus den Worten der Schrift und aus diesen Gebeten *Trost* schöpfen, indem sie den österlichen Sinn des christlichen Sterbens erkennen.

Der österliche Sinn des Sterbens kann auch in Zeichen zum Ausdruck kommen, etwa indem dem/der Sterbenden das *Kreuz auf die Stirn* gezeichnet wird, wie es bei seiner/ihrer Taufe geschehen ist, als ihm/ihr das ewige Leben verheißen wurde (zur Feier des Sterbesegens siehe S. 141 ff.).

Die Gebete und Lesungen können aus den folgenden Texten *frei ausgewählt* und andere nach Bedarf hinzugefügt werden. Die ausgewählten Lesungen und Gebete sollen immer dem geistigen und körperlichen *Zustand* des/der Sterbenden, den jeweiligen *Umständen* und der Verfassung der anderen Personen angepasst sein. Häufig wird es angebracht sein, einen Bibelvers oder ein Kurzgebet mehrmals langsam zu wiederholen. Gegebenenfalls kann es auch geraten sein, nur still für den/die Sterbende/n zu beten, wobei man seine/ihre Hand halten kann.

Mit Sterbenden beten

I. SCHRIFTWORTE

Aus den folgenden Schriftworten kann man einzelne Verse auswählen, mit verhaltener Stimme und mit Pausen der Stille dem/der Sterbenden vorsprechen, gegebenenfalls auch mehrmals langsam wiederholen.

Was kann uns scheiden von der Liebe Christi? (Röm 8,35a)

**Ob wir leben oder ob wir sterben,
wir gehören dem Herrn.** (Röm 14,8b)

Wir haben ein ewiges Haus im Himmel. (vgl. 2 Kor 5,1)

Wir werden immer beim Herrn sein. (1 Thess 4,17b)

Wir werden Gott sehen, wie er ist. (1 Joh 3,2c)

Wir sind aus dem Tod in das Leben hinübergegangen, weil wir die Brüder lieben. (vgl. 1 Joh 3,14a)

**Muss ich auch wandern in finsterer Schlucht,
ich fürchte kein Unheil; denn du bist bei mir.** (Ps 23,4abc)

Zu dir, Herr, erhebe ich meine Seele. (Ps 25,1)

Der Herr ist mein Licht und mein Heil. (Ps 27,1a)

**Ich bin gewiss, zu schauen die Güte des Herrn
im Lande der Lebenden.** (Ps 27,13)

Meine Seele dürstet nach dem lebendigen Gott. (vgl. Ps 42,3)

So spricht der Herr: Kommt her, die ihr von meinem Vater gesegnet seid, nehmt das Reich in Besitz, das für euch geschaffen worden ist. (vgl. Mt 25,34)

Nun lässt du, Herr, deinen Knecht, wie du gesagt hast, in Frieden scheiden. Denn meine Augen haben das Heil gesehen, das du vor allen Völkern bereitet hast, ein Licht, das die Heiden erleuchtet und Herrlichkeit für dein Volk Israel. (Lk 2,29–32)

Amen, ich sage dir: Heute noch wirst du mit mir im Paradies sein. (Lk 23,43)

Alle, die an den Sohn glauben, haben das ewige Leben. (vgl. Joh 6,40)

Im Haus meines Vaters gibt es viele Wohnungen. Wenn ich gegangen bin und einen Platz für euch vorbereitet habe, komme ich wieder und werde euch zu mir holen, damit auch ihr dort seid, wo ich bin. (Joh 14,2a.3)

Ich gehe hin, um euch einen Platz zu bereiten, und ich werde euch zu mir holen. (vgl. Joh 14,2–3)

Ich will, dass alle dort bei mir sind, wo ich bin. (vgl. Joh 17,24a)

II. KURZGEBETE

Die folgenden Kurzgebete können auswahlweise dem/der Sterbenden vorgesprochen werden. Häufig wird es angebracht sein, ein Gebetswort mehrmals langsam zu wiederholen.

In deine Hände lege ich voll Vertrauen meinen Geist; du hast mich erlöst, Herr, du treuer Gott. (Ps 31,6)

Erbarme dich meiner, o Gott, nach deiner großen Barmherzigkeit. (vgl. Ps 51,3)

Mein Jesus, hab Erbarmen mit mir! (vgl. Mk 10,47)

Vater, in deine Hände lege ich meinen Geist. (Lk 23,46a)

Herr, bleibe bei mir, denn es will Abend werden, und der Tag hat sich geneigt. (vgl. Lk 24,29)

Herr Jesus, nimm meinen Geist auf! (Apg 7,59b)

Komm, Herr Jesus! (Offb 22,20b)

Auf dich, o Herr, habe ich meine Hoffnung gesetzt. In Ewigkeit werde ich nicht zuschanden.

Mein Herr und mein Gott,
nimm alles von mir, was mich hindert zu dir.
Mein Herr und mein Gott,
gib alles mir, was mich fördert zu dir.
Mein Herr und mein Gott,
nimm mich mir und gib mich ganz zu eigen dir.
Niklaus von Flüe (GL 9,5 / KG 191,5)

Seele Christi, heilige mich.
Leib Christi, rette mich.
Blut Christi, tränke mich.
Wasser der Seite Christi, wasche mich.
Leiden Christi, stärke mich.
O guter Jesus, erhöre mich.
Birg in deine Wunden mich.
Von dir lass nimmer scheiden mich.
Vor dem bösen Feind beschütze mich.
In meiner Todesstunde rufe mich,
zu dir zu kommen, heiße mich,
mit deinen Heiligen zu loben dich
in deinem Reiche ewiglich. Amen.
(GL 6,4 / KG 227,9)

Jesus, dir leb ich,
Jesus, dir sterb ich.
Jesus, dein bin ich
im Leben und im Tod.

O sei uns gnädig,
sei uns barmherzig,
führ uns, o Jesus,
in deine Seligkeit. Amen.
(GL 367 / KG 197)

Mein Herr und mein Gott, stärke mich in dieser Stunde.

Weitere Gebete:
Abschnitt „Im Angesicht des Todes“ (GL 18 / KG 736)
Andacht „Krankheit und Not“ (GL 680,5–6)

III. LESUNGEN

Es können auch ein oder mehrere Texte aus der Heiligen Schrift langsam vorgelesen werden. Bei der Auswahl der Texte ist der Zustand des/der Schwerkranken zu bedenken. Ein dem/der Sterbenden vertraut und lieb gewordener Text dürfte in der Todesstunde besonders trostreich sein.

2 Kor 5,1.6–10

WIR HABEN EIN EWIGES HAUS IM HIMMEL

Wir wissen: Wenn unser irdisches Zelt abgebrochen wird, dann haben wir eine Wohnung von Gott, ein nicht von Menschenhand errichtetes ewiges Haus im Himmel. Wir sind also immer zuversichtlich, auch wenn wir wissen, dass wir fern vom Herrn in der Fremde leben, solange wir in diesem Leib zu Hause sind; denn als Glaubende gehen wir unseren Weg, nicht als Schauende. Weil wir aber zuversichtlich sind, ziehen wir es vor, aus dem Leib auszuwandern und daheim beim Herrn zu sein. Deswegen suchen wir unsere Ehre darin, ihm zu gefallen, ob wir daheim oder in der Fremde sind. Denn wir alle müssen vor dem Richterstuhl Christi offenbar werden, damit jeder seinen Lohn empfängt für das Gute oder Böse, das er im irdischen Leben getan hat.

Joh 14,1–3

IM HAUS MEINES VATERS GIBT ES VIELE WOHNUNGEN

Euer Herz lasse sich nicht verwirren. Glaubt an Gott und glaubt an mich! Im Haus meines Vaters gibt es viele Wohnungen. Wenn es nicht so wäre, hätte ich euch dann gesagt: Ich gehe, um einen Platz für euch vorzubereiten? Wenn ich gegangen bin und einen Platz für euch vorbereitet habe, komme ich wieder und werde euch zu mir holen, damit auch ihr dort seid, wo ich bin.

Wenn eine Bibel zur Verfügung steht, kann auch eine der folgenden Lesungen genommen werden:

Ijob 19,1.23–27	ICH WEISS: MEIN ERLÖSER LEBT
Jes 35,3–4c.4e-6b	SEID STARK, FÜRCHTET EUCH NICHT!
1 Kor 15,1–5	DURCH DAS EVANGELIUM WERDET IHR GERETTET WERDEN
Hebr 4,14–16; 5,7–9	WIR HABEN EINEN HOHEPRIESTER, DER MIT UNS LEIDEN KANN IN UNSEREN SCHWÄCHEN
1 Joh 4,16	GOTT IST LIEBE
Offb 21,1–5a.6b-7	ICH SAH EINEN NEUEN HIMMEL UND EINE NEUE ERDE
Mt 25,1–13	IHR WISST WEDER DEN TAG NOCH DIE STUNDE
Mk 15,33–39	TOD JESU
Mk 16,1–6	AUFERSTEHUNG JESU
Lk 22,39–46	GEBET JESU AM ÖLBERG
Lk 23,42–43	HEUTE NOCH WIRST DU MIT MIR IM PARADIES SEIN
Lk 24,1–6a	AUFERSTEHUNG JESU
Joh 6,35–40	DAS IST DER WILLE MEINES VATERS, DASS JEDER, DER DEN SOHN SIEHT UND AN IHN GLAUBT, DAS EWIGE LEBEN HAT
Joh 14,1–6.23b.27	IM HAUS MEINES VATERS GIBT ES VIELE WOHNUNGEN

IV. PSALMEN

Es können auch Psalmen oder einzelne Psalmverse gesprochen werden.

Ps 16,1–11 (GL 649,3)

GOTT, DER ANTEIL SEINER GETREUEN

Behüte mich, Gott, denn ich vertraue dir.
Ich sage zum Herrn: „Du bist mein Herr;
mein ganzes Glück bist du allein."
An den Heiligen im Lande, den Herrlichen,
an ihnen nur hab ich mein Gefallen.
Viele Schmerzen leidet, wer fremden Göttern folgt.
Ich will ihnen nicht opfern,
ich nehme ihre Namen nicht auf meine Lippen.
Du, Herr, gibst mir das Erbe
und reichst mir den Becher;
du hältst mein Los in deinen Händen.
Auf schönem Land fiel mir mein Anteil zu.
Ja, mein Erbe gefällt mir gut.
Ich preise den Herrn, der mich beraten hat.
Auch mahnt mich mein Herz in der Nacht.
Ich habe den Herrn beständig vor Augen.
Er steht mir zur Rechten, ich wanke nicht.
Darum freut sich mein Herz
und frohlockt meine Seele;
auch mein Leib wird wohnen in Sicherheit.
Denn du gibst mich nicht der Unterwelt preis;
du lässt deinen Frommen das Grab nicht schauen.
Du zeigst mir den Pfad zum Leben.
Vor deinem Angesicht herrscht Freude in Fülle,
zu deiner Rechten Wonne für alle Zeit.

Ps 22,2–6.10–12.23–26.29–32 (GL 36,2 / KG 608,1)

MEIN GOTT, MEIN GOTT, WARUM HAST DU MIT VERLASSEN?

Mein Gott, mein Gott,
warum hast du mich verlassen,
bleibst fern meinem Schreien,
den Worten meiner Klage?
Mein Gott, ich rufe bei Tag,
doch du gibst keine Antwort;

ich rufe bei Nacht und finde doch keine Ruhe.
Aber du bist heilig,
du thronst über dem Lobpreis Israels.
Dir haben unsere Väter vertraut,
sie haben vertraut und du hast sie gerettet.
Zu dir riefen sie und wurden befreit,
dir vertrauten sie und wurden nicht zuschanden.
Du bist es, der mich aus dem Schoß
meiner Mutter zog,
mich barg an der Brust der Mutter.
Von Geburt an bin ich geworfen auf dich,
vom Mutterleib an bist du mein Gott.
Sei mir nicht fern, denn die Not ist nahe,
und niemand ist da, der hilft.
Ich will deinen Namen meinen Brüdern verkünden,
inmitten der Gemeinde dich preisen.
Die ihr den Herrn fürchtet, preist ihn;
ihr alle vom Stamm Jakobs, rühmt ihn;
erschauert alle vor ihm, ihr Nachkommen Israels!
Denn er hat nicht verachtet,
nicht verabscheut das Elend des Armen.
Er verbirgt sein Gesicht nicht vor ihm;
er hat auf sein Schreien gehört.
Deine Treue preise ich in großer Gemeinde;
ich erfülle meine Gelübde vor denen,
die Gott fürchten.
Denn der Herr regiert als König;
er herrscht über die Völker.
Vor ihm allein sollen niederfallen
die Mächtigen der Erde,
vor ihm sich alle niederwerfen,
die in der Erde ruhen.
Meine Seele, sie lebt für ihn;
mein Stamm wird ihm dienen.
Vom Herrn wird man dem künftigen
Geschlecht erzählen,
seine Heilstat verkündet man
dem kommenden Volk;
denn er hat das Werk getan.

Ps 23,1–6 (siehe S. 64)
DER HERR IST MEIN HIRTE

Ps 36,6–10 (siehe GL 40,2)
GOTT, DIE QUELLE DES LEBENS

Ps 42,2.3.12 (GL 42,2 / KG 614,1)
MEINE SEELE DÜRSTET NACH GOTT

**Wie der Hirsch lechzt nach frischem Wasser,
so lechzt meine Seele, Gott, nach dir.
Meine Seele dürstet nach Gott,
nach dem lebendigen Gott.
Wann darf ich kommen
und Gottes Antlitz schauen?
Meine Seele, warum bist du betrübt
und bist so unruhig in mir?
Harre auf Gott; denn ich werde ihm noch danken,
meinem Gott und Retter, auf den ich schaue.**

Ps 63,2–9 (siehe GL 616,2 / KG 263,1)
GOTT, DU MEIN GOTT, DICH SUCHE ICH

Ps 91,1–16 (siehe S. 65 f. / GL 664,6 / KG 644,1)
UNTER DEM SCHUTZ DES HÖCHSTEN

Ps 103,1–22 (siehe GL 57,2 / KG 647,1)
EIN LOBLIED AUF DEN GÜTIGEN UND VERZEIHENDEN GOTT

Ps 121,1–8 (GL 67,2 / KG 631,1)
DER WÄCHTER ISRAELS

**Ich hebe meine Augen auf zu den Bergen:
Woher kommt mir Hilfe?
Meine Hilfe kommt vom Herrn,
der Himmel und Erde gemacht hat.
Er lässt deinen Fuß nicht wanken;
er, der dich behütet, schläft nicht.
Nein, der Hüter Israels,
schläft und schlummert nicht.
Der Herr ist dein Hüter, der Herr gibt dir Schatten;
er steht dir zur Seite.**

Bei Tag wird dir die Sonne nicht schaden
noch der Mond in der Nacht.
Der Herr behüte dich vor allem Bösen,
er behüte dein Leben.
Der Herr behüte dich,
wenn du fortgehst und wiederkommst,
von nun an bis in Ewigkeit.

Ps 131, 1–3 (siehe GL 72,2)
DER FRIEDEN IN GOTT

Ps 146,1b-10 (siehe GL 77,2 / KG 636,1)
LOBE DEN HERRN, MEINE SEELE

V. KIRCHENLIEDER

Zum Vorbeten eignen sich auch Kirchenlieder, besonders die folgenden:

GL 220 / KG 310	Die Nacht ist vorgedrungen
GL 289 / KG 389	O Haupt voll Blut und Wunden
GL 294 / KG 387	O du hochheilig Kreuze
GL 422 / KG 544	Ich steh vor dir mit leeren Händen, Herr
GL 423 / KG 542	Wer unterm Schutz des Höchsten steht
GL 439	Erhör, o Gott, mein Flehen
GL 500 / KG 498	Nun lässest du, o Herr
GL 501	Ich weiß, dass mein Erlöser lebt
GL 502	Näher mein Gott zu dir
GL 503 / KG 706	Mitten wir im Leben sind
GL 505 / KG 727	Wir sind nur Gast auf Erden
GL 507 / KG 728	Christus, der ist mein Leben
GL 510	O Welt, ich muss dich lassen

VI. LITANEIEN UND ROSENKRANZ

Wenn der Zustand des/der Sterbenden längeres Beten zulässt, empfiehlt es sich, die Sterbelitanei (Litanei für Verstorbene, GL 569) zu beten. Die der Situation nicht entsprechenden Anrufungen (Abschnitt 5 von GL 569) entfallen.
Gegebenenfalls empfiehlt es sich, die Allerheiligenlitanei (GL 556 / KG 802) zu beten, in der die Patrone des/der

Sterbenden, der Familie und des Ortes eigens genannt werden sollen.

Nach altem Brauch kann zur Sterbelitanei und während der Gebete unmittelbar vor dem Verscheiden die Sterbekerze (Taufkerze, Osterkerze) angezündet werden.

Wenn der Zustand des/der Sterbenden längeres Beten zulässt, kann auch der Rosenkranz (GL 4) gebetet werden. Es eignen sich besonders die schmerzhaften (GL 4,6) und glorreichen Geheimnisse (GL 4,7).

VII. GEBETE VOR DEM VERSCHEIDEN

Wenn der Augenblick des Verscheidens unmittelbar bevorzustehen scheint, kann einer/eine der Anwesenden, je nach der Einstellung des/der Sterbenden, eines der folgenden Gebete sprechen.

Nach altem Brauch wird während der Gebete unmittelbar vor dem Verscheiden die Sterbekerze (Taufkerze, Osterkerze) angezündet.

A V: Mache dich auf den Weg,
Bruder / Schwester in Christus,
im Namen Gottes, des allmächtigen Vaters,
der dich erschaffen hat;
im Namen Jesu Christi,
des Sohnes des lebendigen Gottes,
der für dich gelitten hat;
im Namen des Heiligen Geistes,
der über dich ausgegossen worden ist.
Heute noch sei dir im Frieden deine Stätte bereitet,
deine Wohnung bei Gott im heiligen Zion,
mit der seligen Jungfrau und Gottesmutter Maria,
mit dem heiligen Josef, mit ... [Namenspatron]
und mit allen Engeln und Heiligen Gottes.

B V: ⌊Lieber Bruder / Liebe Schwester⌋.
Ich empfehle dich dem allmächtigen Gott.
Ihm vertraue ich dich an, dessen Geschöpf du bist.
Kehre heim zu deinem Schöpfer,
der dich aus dem Staub der Erde gebildet hat.
Wenn du aus diesem Leben scheidest,
eile Maria dir entgegen
mit allen Engeln und Heiligen.
Christus befreie dich,
der für dich gekreuzigt wurde;
er befreie dich, der für dich den Tod gelitten hat;
er gebe dir Wohnrecht in seinem Paradies.
Der wahre und gute Hirt
erkenne dich als sein Eigen.
Er spreche dich los von allen deinen Sünden
und rechne dich zu seinen Erwählten.
Deinen Erlöser sollst du sehen
von Angesicht zu Angesicht,
Gott schauen in alle Ewigkeit.
A: Amen.

C V: Nimm auf, Herr,
⌊deinen Diener / deine Dienerin⌋
an den Ort des Heiles,
das ⌊er / sie⌋ von deinem Erbarmen erhoffen darf.
A: Amen.

V: Befreie, Herr, ⌊deinen Diener / deine Dienerin⌋
aus aller Drangsal.
A: Amen.

V: Befreie, Herr, ⌊deinen Diener / deine Dienerin⌋,
wie du Noach aus der Flut befreit hast.
A: Amen.

V: Befreie, Herr, ⌊deinen Diener / deine Dienerin⌋,
wie du Abraham aus Ur in Chaldäa befreit hast.
A: Amen.

V: Befreie, Herr, ⌊deinen Diener / deine Dienerin⌋,
wie du Ijob von seinem Leiden befreit hast.
A: Amen.

V: Befreie, Herr, ⌊deinen Diener / deine Dienerin⌋,
wie du Mose aus der Hand des Pharao befreit hast.
A: Amen.

V: Befreie, Herr, ⌊deinen Diener / deine Dienerin⌋,
wie du Daniel aus der Löwengrube befreit hast.
A: Amen.

V: Befreie, Herr, ⌊deinen Diener / deine Dienerin⌋,
wie du die drei Jünglinge aus dem Feuerofen
und aus der Hand des Königs befreit hast.
A: Amen.

V: Befreie, Herr, ⌊deinen Diener / deine Dienerin⌋,
wie du Susanna von der falschen Anklage
befreit hast.
A: Amen.

V: Befreie, Herr, ⌊deinen Diener / deine Dienerin⌋,
wie du David aus der Hand des Königs Saul
und aus der Hand Goliats befreit hast.
A: Amen.

V: Befreie, Herr, ⌊deinen Diener / deine Dienerin⌋,
wie du Petrus und Paulus aus dem Gefängnis
befreit hast.
A: Amen.

V: Befreie, Herr, ⌊deinen Diener / deine Dienerin⌋
durch Jesus, unseren Erlöser,
der für uns den bitteren Tod auf sich genommen
und uns das ewige Leben geschenkt hat.
A: Amen.

V: Wir empfehlen dir, Herr,
⌊deinen Diener N. / deine Dienerin N.⌋
und bitten dich,
Herr Jesus Christus, Heiland der Welt:

Nimm ⌊unseren Bruder N. / unsere Schwester N.⌋
gnädig in die Freude deines Reiches auf;
auch um ⌊seinetwillen / ihretwillen⌋
bist du in deinem Erbarmen
auf die Erde herabgekommen.
Mag ⌊er / sie⌋ auch gesündigt haben,
so hat ⌊er / sie⌋ doch den Vater, den Sohn
und den Heiligen Geist nicht verleugnet;
⌊er / sie⌋ hat geglaubt
und Gott, den Schöpfer von allem, gläubig verehrt.
Ihm ist die Kraft und die Herrlichkeit in Ewigkeit.
A: Amen.

Gebete nach dem Verscheiden siehe S. 152 ff.

Die Feier der Wegzehrung (Kommunion in der Sterbestunde) – außerhalb der Messfeier

Die besondere Sorge der Kirche gilt den Sterbenden in ihrer leiblichen und seelischen Not. Das *Sakrament für die Sterbenden* ist die Eucharistie als Wegzehrung. Im Empfang der Wegzehrung begleitet und stärkt Jesus Christus den Menschen *auf seinem letzten Weg*.

Die Einladung zum Empfang der heiligen Kommunion als *Wegzehrung* ergeht an *alle Getauften*, wenn sie *in Lebensgefahr* geraten. Auch wenn ein Kranker/eine Kranke am selben Tag bereits kommuniziert hat, soll er/sie in Lebensgefahr die heilige Kommunion nochmals empfangen, und zwar als Wegzehrung.

Die Feier der Wegzehrung ist zunächst Aufgabe des zuständigen Priesters, der nach Möglichkeit die Eucharistie mit dem/der Sterbenden feiert und, wenn gewünscht, auch das Bußsakrament. Wenn jedoch kein Priester zur Verfügung steht, können ein Diakon und alle zur *Kommunionspendung* Beauftragten die Wegzehrung reichen.

Zum *Überbringen* der Kommunion benutzt man ein verschließbares Gefäß, das in der Regel von der Pfarrgemeinde zur Verfügung gestellt wird. Wenn Kranke nicht mehr in der Lage sind, die Eucharistie unter der Gestalt des Brotes zu empfangen, kann sie ihnen unter der Gestalt des Weines gereicht werden.

Die *Angehörigen* sollen, soweit es möglich ist, an der Feier teilnehmen. Sie können ebenfalls die heilige Kommunion unter beiden Gestalten empfangen.

Mit Rücksicht auf die *Verfassung* des/der Sterbenden kann der Ritus vereinfacht werden. Die unbedingt erforderlichen Elemente der Wegzehrung auch bei unmittelbarer Lebensgefahr sind am Rand mit einer roten Linie markiert. Darüber hinaus wird es in den meisten Fällen sinnvoll sein, zumindest das Vaterunser und den Segen einzufügen.

VORBEREITUNGEN

Für die Wegzehrung soll der Raum nach Möglichkeit passend hergerichtet werden. Dazu gehören:

- ☐ ein mit einem weißen Tuch bedeckter Tisch
- ☐ ein Kreuz (Sterbekreuz)
- ☐ eine Kerze (Sterbekerze, Taufkerze, Osterkerze)
- ☐ wenn möglich: Weihwasser mit Zweig
- ☐ wenn notwendig: ein Glas Trinkwasser

AUFBAU DER FEIER

Die mit [ ] gekennzeichneten Teile können entfallen.

ERÖFFNUNG
- Gruß
- Verehrung der Eucharistie
- Reichen des Weihwassers
- **Schuldbekenntnis und Vergebungsbitte**
- [Ablass in der Sterbestunde]

WORTGOTTESDIENST
- Schriftlesung/Schriftwort
- **Bekenntnis des Glaubens**
- [Fürbitten]

WEGZEHRUNG
- **Gebet des Herrn**
- Einladung zur Kommunion
- **Kommunion mit besonderen Spendeworten**
- Danksagung
- Schlussgebet

ABSCHLUSS
- Segen

ERÖFFNUNG

GRUSS

L begrüßt den/die Kranke/n und alle Anwesenden. Dabei kann eines der folgenden liturgischen Grußworte verwendet werden.

A L: Der Friede sei mit diesem Haus
und mit allen, die darin wohnen.

B L: Friede sei allen, die hier wohnen!

C L: Gelobt sei Jesus Christus.
A: In Ewigkeit. Amen.

D Oder wenn ein Priester oder Diakon die Feier leitet:
P/D: Die Gnade des Herrn Jesus Christus,
der den Kranken seine Liebe schenkt, sei mit euch.
A: Und mit deinem Geiste.

VEREHRUNG DER EUCHARISTIE

Das Gefäß mit dem Allerheiligsten wird auf den Tisch gestellt. Alle verehren in stiller Anbetung das Sakrament. Die stille Anbetung kann mit den folgenden Worten abgeschlossen werden:

L: Gelobt und gepriesen sei ohne End
Jesus Christus im heiligsten Sakrament.

REICHEN DES WEIHWASSERS

L nimmt Weihwasser und bekreuzigt sich damit. L reicht dem/der Kranken und den anderen Anwesenden, damit sie sich selbst bekreuzigen, oder L besprengt sie. Dazu kann L sprechen:

L: Aus dem Wasser und dem Heiligen Geist
hat Gott uns neues Leben geschenkt.
Wir sind getauft im Namen des Vaters
und des Sohnes und des Heiligen Geistes.
A: Amen.

Ist kein Weihwasser vorhanden, kann Wasser gesegnet werden. Es wird dazu das entsprechende Gebet gesprochen (siehe S. 207 f.).

SCHULDBEKENNTNIS UND VERGEBUNGSBITTE

Wenn ein Priester die Feier leitet und der/die Kranke es wünscht, empfängt er/sie jetzt das Sakrament der Buße. In diesem Fall werden die übrigen Anwesenden gebeten, das Zimmer vorübergehend zu verlassen.

Andernfalls werden alle Anwesenden etwa mit folgenden Worten zum Schuldbekenntnis eingeladen:

A L: **Schwestern und Brüder, damit wir diese heilige Feier in der rechten Gesinnung begehen, prüfen wir uns selbst und bekennen unsere Schuld.**

Es folgt eine kurze Stille, danach sprechen alle gemeinsam das Schuldbekenntnis.

A: Ich bekenne Gott, dem Allmächtigen, ...
(siehe S. 241)

L: Der allmächtige Gott erbarme sich unser,
er lasse uns die Sünden nach
und führe uns zum ewigen Leben.
A: Amen.

B Ps 51 (siehe S. 60)

C L: **Schwestern und Brüder! Damit wir diese heilige Feier recht begehen, prüfen wir uns selbst. Wir wollen bekennen, dass wir schuldig sind.**

Es folgt eine kurze Stille. Danach trägt L oder ein anderer Anwesender / eine andere Anwesende folgende oder ähnliche Anrufungen vor.

V: Herr Jesus Christus, du hast uns durch das Geheimnis deines Todes und deiner Auferstehung das Heil erworben:
Herr, erbarme dich unser.
A: Herr, erbarme dich unser.

V: Du hörst nicht auf, die wunderbaren Heilstaten deines Leidens in unserer Mitte zu vollziehen:
Christus, erbarme dich unser.
A: Christus, erbarme dich unser.

V: Du gibst uns durch den Empfang deines Leibes Anteil an deinem österlichen verklärten Leben:
Herr, erbarme dich unser.
A: Herr, erbarme dich unser.

L: Der Herr erbarme sich unser.
Er lasse uns die Sünden nach
und führe uns zum ewigen Leben.
A: Amen.

[ABLASS IN DER STERBESTUNDE]

Die Spendung des Bußsakramentes oder das Schuldbekenntnis können abgeschlossen werden mit dem sog. Päpstlichen Segen, dem vollkommenen Ablass in der Sterbestunde. Diesen kann nur der Priester in einer der beiden folgenden Formen erteilen. Er soll nach Möglichkeit auf die Voraussetzungen hinweisen: die Reue über alle Sünden des Lebens, die willige Annahme des Todes, den Glauben an die Heilsgemeinschaft der Gläubigen in der Kirche und die apostolische Vollmacht der Vergebung. Er kann dies mit etwa folgenden Worten tun:

P: Der Mensch kann sich nicht selbst aus seiner Schuld befreien. Wenn wir aber unsere Sünden bereuen, vergibt uns Gott. Der Päpstliche Segen, den ich Ihnen nun erteile, ist ein besonderer Dienst der Kirche an den Kranken. Die Kirche hilft Ihnen durch die ganze Kraft ihrer Fürbitte in der endgültigen Bewältigung der Schuld. Vertrauen Sie daher auf Gott! Er vergibt Ihnen. Seine liebende Hand führt Sie durch den Tod zum Leben.

A P: Aufgrund der mir vom Apostolischen Stuhl
verliehenen Vollmacht
gewähre ich dir vollkommenen Ablass
und Vergebung aller Sünden
im Namen des Vaters
und des Sohnes + und des Heiligen Geistes.
A: Amen.

B P: Durch die heiligen Geheimnisse
unserer Erlösung
erlasse dir der allmächtige Gott
alle Strafen
des gegenwärtigen und zukünftigen Lebens.

Er öffne dir die Pforten des Paradieses
und führe dich zu der immerwährenden Freude.
A: Amen.

WORTGOTTESDIENST

SCHRIFTLESUNG/SCHRIFTWORT

Je nach Situation kann nun einer/eine der Anwesenden oder L selbst eine Lesung aus der Heiligen Schrift oder ein kurzes Schriftwort vortragen:

A Joh 6,35

V: **Jesus spricht:**
Ich bin das Brot des Lebens; wer zu mir kommt, wird nie mehr hungern, und wer an mich glaubt, wird nie mehr Durst haben.

B Joh 6,54–58

V: **Jesus spricht:**
Wer mein Fleisch isst und mein Blut trinkt, hat das ewige Leben und ich werde ihn auferwecken am Jüngsten Tag. Denn mein Fleisch ist wahrhaft eine Speise und mein Blut ist wahrhaft ein Trank. Wer mein Fleisch isst und mein Blut trinkt, der bleibt in mir und ich bleibe in ihm. Wie mich der lebendige Vater gesandt hat und wie ich durch den Vater lebe, so wird jeder, der mich isst, durch mich leben. Dies ist das Brot, das vom Himmel herabgekommen ist. Es ist nicht wie das Brot, das die Väter gegessen haben, sie sind gestorben. Wer aber dieses Brot isst, wird leben in Ewigkeit.

C Joh 14,6

V: **Jesus spricht:**
Ich bin der Weg und die Wahrheit und das Leben; niemand kommt zum Vater außer durch mich.

BEKENNTNIS DES GLAUBENS

L lädt den/die Kranke/n ein, seinen/ihren Glauben zu erneuern, auf den er/sie getauft ist. Zum Bekenntnis des Glaubens kann die Sterbekerze (Taufkerze, Osterkerze) entzündet werden. L weist kurz darauf hin.

A Wenn es möglich ist, wird der/die Kranke gefragt:

L: Glaubst du an Gott, den Vater, den Allmächtigen, den Schöpfer des Himmels und der Erde?
Der/Die Kranke: Ich glaube.

L: Glaubst du an Jesus Christus, seinen eingeborenen Sohn, unseren Herrn, der geboren ist von der Jungfrau Maria, der gelitten hat, gestorben ist und begraben wurde, von den Toten auferstand und zur Rechten des Vaters sitzt?
Der/Die Kranke: Ich glaube.

L: Glaubst du an den Heiligen Geist, die heilige katholische Kirche, die Gemeinschaft der Heiligen, die Vergebung der Sünden, die Auferstehung der Toten und das ewige Leben?
Der/Die Kranke: Ich glaube.

B Ist das Bekenntnis des Glaubens durch den/die Kranke/n nicht möglich, sprechen die anderen Anwesenden das Apostolische Glaubensbekenntnis.

A: Ich glaube an Gott ... (siehe S. 240)

[FÜRBITTEN]

Wenn der Zustand des/der Kranken es zulässt, werden folgende oder ähnliche kurze Fürbitten gesprochen.

L: Liebe Schwestern und Brüder, lasst uns gemeinsam zu unserem Herrn Jesus Christus beten.
V: Herr, du hast uns geliebt bis ans Ende und dich selbst dem Tod überantwortet, um uns das Leben zu geben. Schenke ⌊unserem Bruder N. / unserer Schwester N.⌋ deine Liebe. – Stille –

V: Christus, höre uns.
A: Christus, erhöre uns.

V: Herr, du hast gesagt: Wer mein Fleisch isst und mein Blut trinkt, hat das ewige Leben.
Stärke ⌊unseren Bruder N. / unsere Schwester N.⌋ und sei ⌊ihm/ihr⌋ nahe. – Stille – V/A
V: Herr, du lädst uns zu jenem Gastmahl, bei dem kein Schmerz und keine Trauer mehr sein wird. Festige in ⌊unserem Bruder N. / unserer Schwester N.⌋ das Vertrauen auf dein Wort. – Stille – V/A

WEGZEHRUNG

GEBET DES HERRN

L öffnet das Gefäß mit der Eucharistie. Dann leitet L mit folgenden oder ähnlichen Worten das Gebet des Herrn ein:

L: Lasst uns alle gemeinsam zu Gott, dem Vater, beten, wie unser Herr Jesus Christus uns zu beten gelehrt hat:

A: Vater unser … (siehe S. 241)

EINLADUNG ZUR KOMMUNION

L macht eine Kniebeuge, zeigt den Leib des Herrn (erhebt das Gefäß mit dem Blut Christi) und spricht:

L: Seht das Lamm Gottes,
das hinwegnimmt die Sünde der Welt.
A: Herr, ich bin nicht würdig,
dass du eingehst unter mein Dach,
aber sprich nur ein Wort,
so wird meine Seele gesund.

L fügt einen Kommunionspruch an:

A L: Wer von diesem Brot isst,
wird leben in Ewigkeit.

B L: Selig, die zum Hochzeitsmahl
des Lammes geladen sind.

C L: Kostet und seht, wie gut der Herr ist.

KOMMUNION MIT BESONDEREN SPENDEWORTEN

L tritt zum/zur Kranken, zeigt das Sakrament und spricht:

L: Der Leib Christi. (Oder: Das Blut Christi.)

Der/Die Kranke: Amen.

L fügt unmittelbar oder nachdem er/sie die heilige Kommunion gereicht hat, an:

L: Christus bewahre dich
und führe dich zum ewigen Leben.

Der/Die Kranke: Amen.

Die Anwesenden, die kommunizieren wollen, empfangen den Leib des Herrn in der gewohnten Weise. L purifiziert anschließend oder nach der Feier das Gefäß.

DANKSAGUNG

Nach Möglichkeit soll nach dem Empfang der Eucharistie eine Gebetsstille gehalten werden.
Danach kann gegebenenfalls mit dem/der Kranken ein Gebet gesprochen werden.

A Seele Christi, heilige mich.
Leib Christi, rette mich.
Blut Christi, tränke mich.
Wasser der Seite Christi, wasche mich.
Leiden Christi, stärke mich.
O guter Jesus, erhöre mich.
Birg in deinen Wunden mich.
Von dir lass nimmer scheiden mich.
Vor dem bösen Feind beschütze mich.
In meiner Todesstunde rufe mich,
zu dir zu kommen heiße mich,
mit deinen Heiligen zu loben dich
in deinem Reiche ewiglich. Amen.

B Nun lässt du, Herr, deinen Knecht,
wie du gesagt hast, in Frieden scheiden.
Denn meine Augen haben das Heil gesehen,
das du vor allen Völkern bereitet hast,
ein Licht, das die Heiden erleuchtet,
und Herrlichkeit für dein Volk Israel.
Ehre sei dem Vater und dem Sohn
und dem Heiligen Geist.
Wie im Anfang, so auch jetzt und allezeit
und in Ewigkeit. Amen.

SCHLUSSGEBET

L: Lasst uns beten.
Gott, dein Sohn ist für uns der Weg,
die Wahrheit und das Leben.

Schaue gnädig her
auf ⌊deinen Diener N. / deine Dienerin N.⌋.
⌊Er / Sie⌋ vertraut deinem Wort und ist gestärkt
durch ⌊den Leib / das Blut⌋ deines Sohnes.
Lass ⌊seine / ihre⌋ Hoffnung
nicht zuschanden werden.
Gib ⌊ihm / ihr⌋ die sichere Zuversicht,
in dein Reich zu gelangen,
wo alles Licht und Leben ist.
Durch Christus, unseren Herrn.
A: Amen.

ABSCHLUSS

SEGEN

A Wenn ein Priester oder Diakon die Feier leitet:

P/D: Jesus Christus, der Herr, sei bei dir und beschütze dich. (A: Amen.)
Er gehe vor dir her und geleite dich. (A: Amen.)
Er stehe hinter dir und schirme dich. (A: Amen.)
Er schaue dich gnädig an, bewahre dich
und segne dich. (A: Amen.)
Es segne dich (und euch alle, die ihr hier versammelt seid) der allmächtige Gott,
der Vater und der Sohn + und der Heilige Geist.
A: Amen.

B Wenn ein Laie die Feier leitet:

L: Der Herr segne uns, er bewahre uns vor allem Bösen und führe uns zum ewigen Leben.
A: Amen.

Danach können L und die Anwesenden dem/der Kranken ein Zeichen der Liebe und des Friedens (z. B. ein Kreuzzeichen auf die Stirn) geben.

Die Feier der Versöhnung, der Krankensalbung und der Wegzehrung in der Sterbestunde (Versehgang)

Wenn ein Christ plötzlich lebensgefährlich erkrankt oder verletzt wird, steht ihm die Kirche mit den Sakramenten der Versöhnung, der Krankensalbung und der Eucharistie bei. In unmittelbarer Lebensgefahr, *wenn keine Zeit mehr bleibt*, diese Sakramente einzeln zu begehen, werden sie *in einer gemeinsamen Feier*, die als Versehgang bezeichnet wird, vollzogen.

Der Priester soll aufmerksam darauf achten, ob der/die Kranke beichten will. In der Regel soll der/die Kranke das *Sakrament der Buße* nach Möglichkeit schon vor der Feier der Krankensalbung und der Wegzehrung empfangen. Kann die Beichte erst während der Feier geschehen, steht sie an deren Beginn, vor der Krankensalbung. Sonst steht an dieser Stelle das Allgemeine Schuldbekenntnis. Die Spendung des Bußsakramentes oder das Schuldbekenntnis können abgeschlossen werden mit dem vollkommenen *Ablass* in der Sterbestunde.

Obwohl die *Krankensalbung* an sich kein Sterbesakrament ist, übt sie ihre aufrichtende und stärkende Wirkung auch in der Todeskrankheit aus. Wenn der/die Kranke sie zu empfangen wünscht, werden die Sakramente in folgender Reihenfolge gefeiert: Buße – (Firmung) – Krankensalbung – Wegzehrung.

Bei Lebensgefahr wird dem/der Kranken die Krankensalbung mit einer einzigen Salbung erteilt und dann sofort die Wegzehrung gereicht. Bei unmittelbarer Lebensgefahr versehe man Sterbende sogleich mit der heiligen Kommunion der Wegzehrung.

In unmittelbarer Lebensgefahr kann jemand, der bisher nur getauft ist, gefirmt werden. Die *Firmung* in Lebensgefahr und die Krankensalbung sollen möglichst nicht in einem zusammenhängenden Ritus gespendet werden, damit die beiden Sakramente, von denen jedes eine Salbung enthält, nicht verwechselt werden. Wenn es aber doch notwendig ist, beide Sakramente zu spenden, soll die Firmung unmittelbar dem Dankgebet über das Öl oder der Weihe des Krankenöls vorausgehen. In diesem Fall unterbleibt die zur Feier der Krankensalbung gehörende Handauflegung.

Das Sakrament für die Sterbenden ist die Eucharistie, die als *Wegzehrung* bezeichnet wird.

Ordentliche *Spender* des Versehgangs sind der Pfarrer, die Pfarrvikare, die Kapläne und der Obere einer Gemeinschaft in klerikalen Ordensinstituten oder Gesellschaften des apostolischen Lebens für alle, die sich im Haus aufhalten.

Im Notfall oder mit der wenigstens vermuteten Zustimmung des zuständigen Spenders soll jeder andere Priester die Sakramente spenden. Ein Diakon kann die Wegzehrung reichen. Wenn kein Priester oder Diakon zur Verfügung steht, soll ein beauftragter Laie die Wegzehrung reichen (siehe Die Feier der Wegzehrung, S. 117 ff.).

VORBEREITUNGEN

Für die Feier der Sakramente soll der Raum passend hergerichtet werden. Dazu gehören:

- ☐ ein mit einem weißen Tuch bedeckter Tisch
- ☐ ein Kreuz (Sterbekreuz)
- ☐ eine Kerze (Sterbekerze, Taufkerze, Osterkerze)
- ☐ wenn möglich: Weihwasser mit Zweig
- ☐ wenn notwendig: ein Glas Trinkwasser

AUFBAU DER FEIER

Die mit [ ] gekennzeichneten Teile können entfallen.

ERÖFFNUNG
  Gruß
  Verehrung der Eucharistie
  Reichen des Weihwassers
  Einführung – Schriftwort
FEIER DER VERSÖHNUNG
  Bußsakrament
  oder **Schuldbekenntnis und Vergebungsbitte**
  [Ablass in der Sterbestunde]
  Bekenntnis des Glaubens
  [Fürbitten]
[FEIER DER FIRMUNG]
FEIER DER KRANKENSALBUNG
  Handauflegung und stilles Gebet
  Lobpreis und Anrufung Gottes über dem Öl
  oder Weihe des Krankenöls
  Heilige Salbung
WEGZEHRUNG
  Gebet des Herrn
  Einladung zur Kommunion
  Kommunion mit besonderen Spendeworten
  Gebet nach der Kommunion
ABSCHLUSS
  Segen

ERÖFFNUNG

GRUSS

P begrüßt den/die Kranke/n und alle Anwesenden. Dabei kann eines der folgenden liturgischen Grußworte verwendet werden.

A P: Der Friede sei mit diesem Haus
und mit allen, die darin wohnen.

B P: Friede sei allen, die hier wohnen.

C P: Die Gnade des Herrn Jesus Christus, der den Kranken seine Liebe schenkt, sei mit euch.
A: Und mit deinem Geiste.

VEREHRUNG DER EUCHARISTIE

Das Gefäß mit dem Allerheiligsten wird auf den Tisch gestellt. Alle verehren in stiller Anbetung das Sakrament. Die stille Anbetung kann mit den folgenden Worten abgeschlossen werden:

P: Gelobt und gepriesen sei ohne End
Jesus Christus im heiligsten Sakrament.

REICHEN DES WEIHWASSERS

P nimmt Weihwasser und bekreuzigt sich damit. Er reicht es dem/der Kranken und den anderen Anwesenden, damit sie sich selbst bekreuzigen, oder er besprengt sie. Dazu kann er sprechen:

P: Aus dem Wasser und dem Heiligen Geist
hat Gott uns neues Leben geschenkt.
Wir sind getauft im Namen des Vaters
und des Sohnes und des Heiligen Geistes.
A: Amen.

Ist kein Weihwasser vorhanden, kann P Wasser segnen. Er spricht dazu das entsprechende Gebet (siehe S. 207 f.).

EINFÜHRUNG – SCHRIFTWORT

Wenn es notwendig ist, bereitet P den/die Kranke/n in einem Gespräch auf den Empfang der Sakramente vor. Auch kann er den/die Kranke/n durch einen kurzen Text aus dem Evangelium einladen, Reue zu erwecken und sich in Liebe Gott zuzuwenden.

P: **Jesus spricht: Kommt alle zu mir, die ihr mühselig und beladen seid! Ich will euch erquicken. Nehmt mein Joch auf euch und lernt von mir; denn ich bin gütig und von Herzen demütig; und ihr werdet Ruhe finden für eure Seele. Denn mein Joch ist sanft und meine Last ist leicht.**
(Mt 11,28–30)

P kann auch eine der Situation des/der Kranken angepasste Gebetseinladung an die Anwesenden richten.

P: **Liebe Schwestern und Brüder, der Herr Jesus Christus ist immer bei uns und belebt uns ständig neu mit der Gnade seiner Sakramente. Durch den Dienst der Priester spricht er die Bußfertigen los, stärkt die Kranken mit einer heiligen Salbung und erhält jene, die seine Ankunft erwarten, durch die sakramentale Wegzehrung in der Hoffnung auf das ewige Leben. Lasst uns nun**
⌊unserem Bruder N. / **unserer Schwester** N.⌋
durch unser Gebet in Liebe beistehen,
wenn wir ⌊ihm / ihr⌋ auf ⌊seine / ihre⌋ Bitte hin
diese drei Sakramente spenden.

FEIER DER VERSÖHNUNG

A BUSSSAKRAMENT

Wenn der/die Kranke es wünscht, empfängt er/sie jetzt das Sakrament der Buße. In diesem Fall bittet P die übrigen Anwesenden, das Zimmer vorübergehend zu verlassen.

Nachdem der/die Kranke gebeichtet hat und seine/ihre Reue zum Ausdruck gebracht hat, streckt P seine Hände (oder wenigstens die Rechte) über das Haupt des/der Gläubigen aus und spricht:

P: Gott, der barmherzige Vater,
hat durch den Tod und die Auferstehung seines Sohnes die Welt mit sich versöhnt
und den Heiligen Geist gesandt
zur Vergebung der Sünden.
Durch den Dienst der Kirche
schenke er dir Verzeihung und Frieden.

So spreche ich dich los von deinen Sünden
im Namen des Vaters
und des Sohnes + und des Heiligen Geistes.

Der/Die Kranke antwortet: Amen.

B SCHULDBEKENNTNIS UND VERGEBUNGSBITTE

Falls der/die Kranke nicht beichtet, folgt das Allgemeine Schuldbekenntnis, das P mit den folgenden Worten einleiten kann:

P: Schwestern und Brüder, damit wir diese heilige Feier in der rechten Gesinnung begehen, prüfen wir uns selbst und bekennen unsere Schuld.

Es folgt eine kurze Stille, danach sprechen alle gemeinsam das Schuldbekenntnis.

A: Ich bekenne, Gott, dem Allmächtigen ...
(siehe S. 241)

Nach dem Allgemeinen Schuldbekenntnis spricht P die Vergebungsbitte:

P: Der allmächtige Gott erbarme sich unser.
Er lasse uns die Sünden nach
und führe uns zum ewigen Leben.
A: Amen.

Eine weitere Form des Schuldbekenntnisses siehe Ps 51, S. 60.

[ABLASS IN DER STERBESTUNDE]

Die Spendung des Bußsakramentes oder das Schuldbekenntnis können abgeschlossen werden mit dem sog. Päpstlichen Segen, dem vollkommenen Ablass in der Sterbestunde. Diesen kann nur der Priester in einer der beiden folgenden Formen erteilen. Er soll nach Möglichkeit auf die Voraussetzungen hinweisen: die Reue über alle Sünden des Lebens, die willige Annahme des Todes, den Glauben an die Heilsgemeinschaft der Gläubigen in der Kirche und die apostolische Vollmacht der Vergebung. Er kann dies mit etwa folgenden Worten tun:

P: Der Mensch kann sich nicht selbst aus seiner Schuld befreien. Wenn wir aber unsere Sünden bereuen, vergibt uns Gott. Der Päpstliche Segen, den ich Ihnen nun erteile, ist ein besonderer Dienst der Kirche an den Kranken. Die Kirche hilft Ihnen durch die ganze Kraft ihrer Fürbitte in der endgültigen Bewältigung der Schuld. Vertrauen Sie daher auf Gott! Er vergibt Ihnen. Seine liebende Hand führt Sie durch den Tod zum Leben.

A P: Aufgrund der mir vom Apostolischen Stuhl verliehenen Vollmacht
gewähre ich dir vollkommenen Ablass
und Vergebung aller Sünden
im Namen des Vaters
und des Sohnes + und des Heiligen Geistes.
A: Amen.

B P: Durch die heiligen Geheimnisse
unserer Erlösung
erlasse dir der allmächtige Gott
alle Strafen
des gegenwärtigen und zukünftigen Lebens.
Er öffne dir die Pforten des Paradieses
und führe dich zu der immerwährenden Freude.
A: Amen.

BEKENNTNIS DES GLAUBENS

Vor dem Empfang der heiligen Kommunion als Wegzehrung soll der/die Kranke nach Möglichkeit das Bekenntnis des Glaubens, auf den er/sie getauft ist, erneuern. Dazu kann die Sterbekerze (Taufkerze, Osterkerze) entzündet werden. P weist kurz darauf hin.

A Wenn es möglich ist, wird der/die Kranke gefragt:

P: **Glaubst du an Gott, den Vater, den Allmächtigen, den Schöpfer des Himmels und der Erde?**
Der/Die Kranke: **Ich glaube.**

P: **Glaubst du an Jesus Christus, seinen eingeborenen Sohn, unseren Herrn, der geboren ist von der Jungfrau Maria, der gelitten hat, gestorben ist und begraben wurde, von den Toten auferstand und zur Rechten des Vaters sitzt?**
Der/Die Kranke: **Ich glaube.**

P: **Glaubst du an den Heiligen Geist, die heilige katholische Kirche, die Gemeinschaft der Heiligen, die Vergebung der Sünden, die Auferstehung der Toten und das ewige Leben?**
Der/Die Kranke: **Ich glaube.**

B Ist das Bekenntnis des Glaubens durch den/die Kranke/n nicht möglich, sprechen die anderen Anwesenden das Apostolische Glaubensbekenntnis.

A: **Ich glaube an Gott ...** (siehe S. 240)

[FÜRBITTEN]

Wenn der Zustand des/der Kranken es zulässt, werden folgende oder ähnliche kurze Fürbitten gesprochen.

P: Lasst uns Gott, den Vater, bitten
für ⌊unseren Bruder N. / unsere Schwester N.⌋
⌊der / die⌋ in dieser Stunde
durch die heiligen Sakramente gestärkt werden soll.

V: Herr, blicke gütig auf ⌊ihn / sie⌋.
A: Wir bitten dich, erhöre uns.

V: Stärke und bewahre ⌊ihn / sie⌋ in deiner Liebe.
A: Wir bitten dich, erhöre uns.

V: Schenke ⌊ihm / ihr⌋ deine Kraft und deinen Frieden.
A: Wir bitten dich, erhöre uns.

[FEIER DER FIRMUNG]

Wenn dem/der Kranken das Sakrament der Firmung gespendet werden soll, geschieht dies jetzt (siehe Handauflegung und Gebet sowie Chrisamsalbung, S. 37). In diesem Fall entfällt die Handauflegung bei der Feier der Krankensalbung. Die Feier wird fortgesetzt mit dem Lobpreis und der Anrufung Gottes über dem Öl.

FEIER DER KRANKENSALBUNG

HANDAUFLEGUNG UND STILLES GEBET

P legt schweigend dem/der Kranken eine Zeit lang die Hände auf.

A LOBPREIS UND ANRUFUNG GOTTES ÜBER DEM ÖL

Steht vom Bischof geweihtes Krankenöl zur Verfügung, spricht P den Lobpreis und die Anrufung Gottes über dem Öl.

P: Sei gepriesen, Gott, allmächtiger Vater: Für uns und zu unserem Heil hast du deinen Sohn in diese Welt gesandt. Wir loben dich.
A: Wir preisen dich.

P: Sei gepriesen, Gott, eingeborener Sohn: Du bist in die Niedrigkeit unseres Menschenlebens gekommen, um unsere Krankheiten zu heilen.
Wir loben dich.
A: Wir preisen dich.

P: Sei gepriesen, Gott, Heiliger Geist, du unser Beistand: Du gibst uns Kraft und stärkst uns in den Gebrechlichkeiten unseres Leibes.
Wir loben dich.
A: Wir preisen dich.

P: Herr,
schenke deinem Diener / deiner Dienerin,
der / die mit diesem heiligen Öl
in der Kraft des Glaubens gesalbt wird,
Linderung seiner / ihrer Schmerzen
und stärke ihn / sie in seiner / ihrer Schwäche.
Durch Christus, unseren Herrn.
A: Amen.

B WEIHE DES KRANKENÖLS

Steht kein vom Bischof geweihtes Krankenöl zur Verfügung, vollzieht der Priester die Weihe des Öles an dieser Stelle.

P: Segne, Herr, dieses Öl, das für die Krankensalbung bestimmt ist, und segne auch den Kranken / die Kranke, der / die durch diese heilige Salbung Stärkung und Linderung erfahren soll.

HEILIGE SALBUNG

Dann nimmt P das heilige Öl und salbt den/die Kranke/n auf der Stirn und auf den Händen. Er spricht bei der Salbung auf der Stirn:

P: **Durch diese heilige Salbung**
helfe dir der Herr in seinem reichen Erbarmen,
er stehe dir bei mit der Kraft des Heiligen Geistes.
A: **Amen.**

Bei der Salbung auf den Händen spricht er:

P: **Der Herr, der dich von Sünden befreit,**
rette dich,
in seiner Gnade richte er dich auf.
A: **Amen.**

WEGZEHRUNG

GEBET DES HERRN

P öffnet das Gefäß mit der Eucharistie.
Dann leitet er mit folgenden oder ähnlichen Worten das Gebet des Herrn ein:

P: **Lasst uns gemeinsam beten mit den Worten,**
die unser Herr Jesus Christus uns gelehrt hat:

A: **Vater unser ...** (siehe S. 241)

EINLADUNG ZUR KOMMUNION

P macht vor dem Allerheiligsten eine Kniebeuge, zeigt den Leib des Herrn (erhebt das Gefäß mit dem Blut Christi) und spricht:

P: Seht das Lamm Gottes,
das hinwegnimmt die Sünde der Welt.

Wenn möglich, spricht der/die Kranke mit allen anderen, die die Kommunion empfangen möchten:

A: Herr, ich bin nicht würdig,
dass du eingehst unter mein Dach,
aber sprich nur ein Wort,
so wird meine Seele gesund.

P fügt einen Kommunionspruch an:

A P: Wer von diesem Brot isst,
wird leben in Ewigkeit.

B P: Selig, die zum Hochzeitsmahl
des Lammes geladen sind.

C P: Kostet und seht, wie gut der Herr ist.

KOMMUNION MIT BESONDEREN SPENDEWORTEN

P tritt zum/zur Kranken, zeigt das Sakrament und spricht:

P: Der Leib Christi. (Oder: Das Blut Christi.)

Der/Die Kranke: Amen.

P fügt unmittelbar oder nachdem er die heilige Kommunion gereicht hat, an:

P: Christus bewahre dich
und führe dich zum ewigen Leben.

Der/Die Kranke: Amen.

Die Anwesenden, die kommunizieren wollen, empfangen den Leib des Herrn in der gewohnten Weise. P purifiziert anschließend oder nach der Feier das Gefäß.

GEBET NACH DER KOMMUNION

Wenn möglich, verweilen alle Anwesenden eine Zeit lang in stillem Gebet. Dann spricht P nach der Gebetseinladung die Schlussoration.

P: Lasst uns beten.
Gott, dein Sohn ist für uns der Weg,
die Wahrheit und das Leben.
Schaue gnädig her
auf ⌊deinen Diener N. / deine Dienerin N.⌋.
⌊Er / Sie⌋ hat sich deinen Verheißungen anvertraut
und ist gestärkt
durch ⌊den Leib / das Blut⌋ deines Sohnes.
Lass ⌊seine / ihre⌋ Hoffnung
nicht zuschanden werden.
Gib ⌊ihm / ihr⌋ die sichere Zuversicht,
in dein Reich zu gelangen,
wo alles Licht und Leben ist.
Durch Christus, unseren Herrn.
A: Amen.

ABSCHLUSS

SEGEN

P: Es segne euch der allmächtige Gott,
der Vater und der Sohn + und der Heilige Geist.
A: Amen.

Danach können P und die Anwesenden dem/der Kranken ein Zeichen der Liebe und des Friedens (z. B. ein Kreuzzeichen auf die Stirn) geben.

Die Feier des Sterbesegens

Im Angesicht von Sterben und Tod haben viele Menschen das *Bedürfnis nach einer seelsorgerlichen und rituellen Begleitung*. Riten können dort Halt geben, wo Worte fehlen. In Worten des Gebets und Zeichenhandlungen erfahren Sterbende, dass sie in der Stunde des Todes nicht allein sind. Liturgische Feiern in der Grenzsituation des Sterbens können das Abschiednehmen begleiten und die Nähe Gottes erfahrbar machen.

Durch medizinische Fortschritte und gesellschaftliche Umbrüche hat sich in den letzten Jahrzehnten die Situation der Sterbenden und ihrer Angehörigen stark gewandelt. Auch die kirchliche Sterbebegleitung hat sich dadurch verändert. Die klassische sakramentale Begleitung Sterbender durch einen Priester (Wegzehrung bzw. Versehgang) ist oft nicht mehr selbstverständlich. Die *veränderten Umstände*, wie Menschen heute sterben, führen zu Situationen, in denen die Feier der Wegzehrung aus medizinischen Gründen nicht mehr möglich ist. Der Sterbesegen soll die Möglichkeiten der seelsorgerlichen und liturgischen Begleitung Sterbender erweitern, ohne in Konkurrenz zu den traditionellen Formen der Sterbebegleitung zu treten. Der Sterbesegen kann überall dort gefeiert werden, wo aufgrund der Gegebenheiten die Feier der Wegzehrung bzw. der Versehgang nicht (mehr) möglich ist oder die pastoralen Umstände dies nahelegen.

Im Sterbesegen wird das Leben des/der Sterbenden in den Blick genommen und gewürdigt. So wird erfahrbar, dass das gesamte Leben unter dem *Segen Gottes* steht. Gottes Segen gilt auch für den letzten irdischen Weg eines Menschen im Horizont der Auferstehungshoffnung. Alles, was das Leben ausmacht, möge bei Gott ein gutes Ende finden und durch Jesus Christus zur Auferstehung gelangen.

Der/Die Sterbende wird *mit dem Kreuz bezeichnet*, wie dies bei der Taufe geschehen ist, als ihm/ihr das ewige Leben verheißen wurde. Bei der Bezeichnung mit dem Kreuz auf Stirn und Hände ist es daher naheliegend, auch *Weihwasser* zu verwenden. Selbst wenn die Worte des Ritus nicht mehr bewusst mitvollzogen werden, können die Zeichen der Segnung sinnenhaft erlebt werden.

Die *Angehörigen* sollen nach Möglichkeit in die Gestaltung der Feier eingebunden werden. So können sie beispielsweise nach dem Segen zu persönlichen Segensgesten eingeladen werden. Auch der/die Sterbende kann, wenn möglich und erwünscht, seine Angehörigen nach biblischem Vorbild segnen (vgl. Gen 27,27–30).

Die Feier des Sterbesegens ist für viele Situationen des Sterbens geeignet. Die Grundform ist bewusst allgemein gehalten. So kann die Feier *an die jeweilige Situation angepasst* werden. Fakultative Elemente können situativ ausgewählt werden.

Die Elemente, die selbst bei unmittelbarer Lebensgefahr nicht fehlen sollten, sind eine kurze Schriftverkündigung und der eigentliche Sterbesegen.

In manchen Situationen bietet sich die Möglichkeit, die verschiedenen Feiern der Sterbebegleitung zu kombinieren. So kann sich – wenn es dem/der Sterbenden (doch) noch möglich ist, die Kommunion (in der Form eines kleinen Hostien-Partikels oder in der Form des Weines) zu empfangen – die *Wegzehrung* (Sterbekommunion) nach dem Sterbesegen anschließen.

Der Sterbesegen kann von allen getauften (und gefirmten) Christen *geleitet* werden. Eine entsprechende Ausbildung zur Sterbebegleitung und für die Feier des Sterbesegens ist zu empfehlen. Eine eigene bischöfliche Beauftragung für die Leitung des Sterbesegens drückt in besonderer Weise aus, dass der Sterbesegen im Namen der Kirche gefeiert wird. Bei all dem sind die Bestimmungen der jeweiligen Diözesen zu beachten.

Der Sterbesegen ist so gestaltet, dass er leicht auch in einem *ökumenischen Kontext* gefeiert werden kann. Wenn Christen anderer Konfessionen die Feier leiten, gehen sie mit den einzelnen Elementen entsprechend ihrer jeweiligen Tradition um.

VORBEREITUNGEN

Nach Möglichkeit sind für die Feier vorzubereiten:
☐ Weihwasser (in einer kleinen Schale)
☐ eine Kerze (Taufkerze, Osterkerze)

Um je nach Situation unnötige Störungen zu vermeiden, sollten Ärzte und Pflegekräfte über den Gottesdienst informiert werden. Sie können auch in die Feier eingebunden werden.

AUFBAU DER FEIER

Die mit [ ] gekennzeichneten Teile können entfallen.

ERÖFFNUNG
- Begrüßung und Einführung
- [Entzünden einer Kerze]
- Kreuzzeichen
- [Kyrie-Rufe]
- Eröffnungsgebet

WORTGOTTESDIENST
- **Schriftlesung/Schriftwort**

STERBESEGEN
- [Rückblick, Dank und Versöhnung]
- Gebetseinladung und stilles Gebet
- **Segen**
- Gebet des Herrn

[WEGZEHRUNG]

ABSCHLUSS
- Schlusssegen
- [Mariengruß]

ERÖFFNUNG

BEGRÜSSUNG UND EINFÜHRUNG

Die Angehörigen versammeln sich um das Bett des/der Sterbenden. L wendet sich dem/der Sterbenden zu, begrüßt anschließend alle Anwesenden und richtet einige persönliche Worte an sie. Es wird geklärt, ob Segensgesten gewünscht sind, die die Zeichenhaftigkeit der Segnung unterstreichen. Zu Beginn der Feier wird darauf hingewiesen, dass auch die Angehörigen, die evtl. nicht an der Feier des Sterbesegens teilnehmen können, mit in die Gebetsgemeinschaft einbezogen sind.

L kann mit eigenen Worten in den Gottesdienst einführen oder nachfolgende Formulierung verwenden:

L: Lieber Herr N. / Liebe Frau N., wir sind hier, um Sie auf dem letzten Stück Ihres irdischen Lebensweges zu begleiten. In dieser Situation, da der Abschied spürbar nahegekommen ist, bitten wir besonders um Gottes Beistand und Hilfe. Alles, was uns in dieser Stunde bewegt, all unsere Gedanken und Empfindungen, unsere Ängste und unseren Schmerz, aber auch unsere Dankbarkeit und unsere Hoffnungen bringen wir im Gebet vor Gott.

[ENTZÜNDEN EINER KERZE]

Wenn möglich, kann zu Beginn der Feier eine Kerze (Taufkerze oder Osterkerze) entzündet werden.

KREUZZEICHEN

L: Im Namen des Vaters und des Sohnes
und des Heiligen Geistes.
A: Amen.

L: Das Zeichen des Kreuzes erinnert uns daran, dass wir seit unserer Taufe in der Gemeinschaft mit Jesus Christus leben und in Gott geborgen sind.

[KYRIE-RUFE]

V: Herr Jesus Christus, du bist uns Menschen nahe. Herr, erbarme dich.
A: Herr, erbarme dich.

V: Du hast uns die Hoffnung auf ewiges Leben geschenkt. Christus, erbarme dich.
A: Christus, erbarme dich.

V: Du bist das Licht, das unsere Dunkelheit erhellt. Herr, erbarme dich.
A: Herr, erbarme dich.

ERÖFFNUNGSGEBET

L: Lasst uns beten.
Gott, du Ursprung und Ziel aller Wege, du bist da, durch alle Zeiten und über den Tod hinaus.
Du hast N. aus Liebe geschaffen und ins Leben gerufen. In guten und in schweren Tagen hast du ihn/sie in deinen Händen gehalten.
Wir bitten dich: Schenke N. in dieser Stunde deine Nähe und deinen Frieden. Hilf uns, voneinander Abschied nehmen zu können. Schenke uns deine versöhnende Liebe und führe uns alle zum ewigen Leben bei dir.
Darum bitten wir durch Jesus Christus, unseren Herrn.
A: Amen.

WORTGOTTESDIENST

SCHRIFTLESUNG/SCHRIFTWORT

Je nach Situation trägt nun einer/eine der Anwesenden oder L selbst eine Lesung aus der Heiligen Schrift oder ein kurzes Schriftwort vor.

A vgl. Jes 43,1.3

V: Im Buch des Propheten Jesája heißt es:
So spricht Gott, der HERR, der dich erschaffen hat: Fürchte dich nicht, denn ich habe dich ausgelöst, ich habe dich beim Namen gerufen, du gehörst mir! Denn ich, der HERR, bin dein Gott, ich, der Heilige Israels, bin dein Retter.

B Ps 23,1–6 (siehe S. 64)

C Ps 139,1–3.13–16

V: Im Buch der Psalmen heißt es:
Herr, du hast mich erforscht und du kennst mich.
Ob ich sitze oder stehe, du weißt von mir.
Von fern erkennst du meine Gedanken.
Ob ich gehe oder ruhe, es ist dir bekannt;
du bist vertraut mit all meinen Wegen.

Du hast mein Inneres geschaffen,
mich gewoben im Schoß meiner Mutter.
Ich danke dir, dass du mich
so wunderbar gestaltet hast.
Ich weiß: Staunenswert sind deine Werke.

Als ich geformt wurde im Dunkeln,
kunstvoll gewirkt in den Tiefen der Erde,
waren meine Glieder dir nicht verborgen.
Deine Augen sahen, wie ich entstand,
in deinem Buch war schon alles verzeichnet;
meine Tage waren schon gebildet,
als noch keiner von ihnen da war.

STERBESEGEN

[RÜCKBLICK, DANK UND VERSÖHNUNG]

L: Ich lade Sie ein, gemeinsam einen Augenblick in Stille auf Ihren Lebensweg zu schauen. Sie können sich dabei erinnern an all das gemeinsam Durchlebte, an wichtige Personen und Ereignisse, (... Jahre voller) Licht und Schatten, Reichtum und Entbehrung, Kostbarkeit und Not. – Stille –

Sie können Gott sicher für so Vieles danksagen: für das, was gut war, wertvoll und schön, für die vielen Momente der Freude und Liebe, die Ihnen geschenkt wurden. – Stille –

Wenn Sie so zurückschauen, dann wird Ihnen vielleicht aber auch manches Schwere bewusst: die Fehler und Schwächen, die Grenzen und Brüche im Leben, offene Fragen und Dinge, die unausgesprochen bleiben. Auch das können Sie Gott anvertrauen und in seine Hände legen. – Stille –

Je nach Situation des/der Sterbenden und der Angehörigen kann an dieser Stelle das gemeinsame Schuldbekenntnis mit anschließender Vergebungsbitte (siehe S. 120) angefügt werden.

GEBETSEINLADUNG UND STILLES GEBET

L: Lasst uns nun für N. in Stille beten.
In der Gemeinschaft der Heiligen bitten wir,
dass Gott ihn/sie erfülle mit seinem Licht
und seinem Trost,
mit dem Frieden, den nur er uns geben kann.

L kann dem/der Sterbenden eine Zeit lang schweigend die Hand auflegen, auf die Schulter oder eine andere geeignete Stelle.

SEGEN

Währen des Segens zeichnet L dem/der Sterbenden nach Möglichkeit mit Weihwasser ein Kreuz auf Stirn und Hände.

N., dein Leben ist einmalig und kostbar.
Gott, der dich erschaffen
und beim Namen gerufen hat, segne dich.

Alles, was dir in den Sinn gekommen ist,
alles, was du gedacht und ersonnen hast,
geglaubt und erhofft,
alle Liebe, die du verschenkt hast,
sei gesegnet durch den dreieinigen Gott.
Kreuzzeichen auf die Stirn

Alles, was du in die Hand genommen,
getan und geschaffen hast,
ob geglückt oder misslungen, sei angenommen;
alle Schuld, die du auf dich geladen hast,
sei vergeben durch den barmherzigen Gott.
Kreuzzeichen auf die rechte Hand

Alles, was dir gegeben wurde,
das Leichte und das Schwere, Freud und Leid,
alles, was zu Ende geht,
und auch das,
was dein Leben überdauern wird und bleibt,
sei getragen vom lebendigen Gott.
Kreuzzeichen auf die linke Hand

Gott sende dir seinen Engel entgegen.
Ggf. Unterfassen der beiden Hände
Er nehme dich bei der Hand
und führe dich durch Dunkelheit und Nacht
ins Licht.

Im Namen des Vaters und des Sohnes
und des Heiligen Geistes.
A: Amen.

Auch die Angehörigen können dazu eingeladen werden, dem/der Sterbenden (mit Weihwasser) ein Kreuz auf die Stirn zu zeichnen oder ihn/sie auf andere Weise zu segnen.

L: Wenn Sie möchten, können Sie einzeln N. auf Ihre Weise segnen: ihm / ihr etwas Gutes sagen, für ihn / sie danken, ihn / sie unter den Schutz Gottes stellen, oder bei Gott etwas für ihn / sie erbitten. Sie können Ihren Wunsch laut aussprechen oder auch still im Herzen äußern. Sie können ihn / sie auch (mit Weihwasser) mit einem Kreuzzeichen segnen oder ihm / ihr durch eine andere Berührung ein Zeichen der Nähe schenken.

Falls der/die Sterbende dazu in der Lage ist und dies möchte, kann nun auch er/sie eingeladen werden, seinen/ihren Angehörigen einen Segenswunsch oder ein gutes Wort zuzusprechen.

GEBET DES HERRN

Mit folgenden oder ähnlichen Worten leitet L in das Gebet des Herrn ein:

L: Lasst uns all das, was uns bewegt, unsere Sorgen und Ängste, unsere Bitten und Hoffnungen, in dem Gebet vor Gott bringen, das Jesus selbst seine Jünger gelehrt hat. (Dabei schließen wir auch alle in unser Gebet ein, die mit N. verbunden sind und jetzt nicht hier sein können.)
A: Vater unser ... (siehe S. 241)

[WEGZEHRUNG]

Wenn es dem/der Sterbenden möglich ist, die Kommunion zu empfangen, kann sich an das Vaterunser die Wegzehrung anschließen.

L: Das Leben, das wir in der Taufe empfangen haben, wird genährt und gestärkt durch die Eucharistie. Jesus Christus begleitet uns in den eucharistischen Gaben von Brot und Wein und führt uns durch Sterben und Tod hindurch zu ewigem Leben.

Seht das Lamm Gottes ...
(siehe Einladung zur Kommunion sowie Kommunion mit besonderen Spendeworten, S. 125).

ABSCHLUSS

SCHLUSSSEGEN

L: Gott segne euch und alle, die sich mit N. verbunden fühlen. Er segne eure Liebe füreinander und begleite euch auf dem Weg, der vor euch liegt. Gott stärke euch und schenke euch Frieden.

So segne uns alle der dreieinige Gott,
der Vater und der Sohn und der Heilige Geist.
A: Amen.

[MARIENGRUSS]

BEGLEITUNG VERSTORBENER UND IHRER ANGEHÖRIGEN

Angesichts des Todes eines Menschen hält der christliche Glaube an der *Hoffnung auf Zukunft und ewiges Leben* fest. Die Heilige Schrift verkündet den Gott Abrahams, Isaaks und Jakobs als einen Gott der Lebenden, nicht der Toten. Es ist eine Grundaussage des christlichen Glaubens, dass das Leben den Glaubenden im Tod nicht genommen, sondern gewandelt wird.

Weil der Sohn Gottes Mensch geworden ist, hat er das Schicksal mit uns Menschen voll und ganz geteilt. Jesus Christus kannte die Trauer und hat am Grab seines Freundes Lazarus geweint. Jesus selbst musste den Tod erleiden. Er ist aber nicht im Tod geblieben, sondern auferstanden von den Toten. Weil Christus von den Toten auferweckt worden ist, haben auch jene, die zu ihm gehören, Hoffnung auf die Auferstehung. Er hat den Tod besiegt, die Menschen mit dem Vater versöhnt und ihnen den Zugang zur Vollendung eröffnet. In diesem Glauben begleitet die Kirche die Sterbenden mit ihrem Gebet und den Sakramenten. In dieser Hoffnung *geleitet* sie *den Verstorbenen zum Ort seiner letzten Ruhe* und *steht den Hinterbliebenen* in ihrer Trauer *bei.*

Auf vielfältige Weise gedenkt die Kirche der Verstorbenen im *Gebet* und in *gottesdienstlichen Feiern.* Neben den Gebeten, die unmittelbar nach dem Verscheiden gesprochen werden, soll der Brauch gepflegt werden, im Trauerhaus oder in der Kirche eine Totenwache oder eine Wort-Gottes-Feier zu halten, die Tagzeitenliturgie (z. B. Totenvesper) zu feiern oder gemeinschaftlich den Rosenkranz zu beten.

Krankensalbung, Wegzehrung und andere *Sakramente* können, wenn ein Mensch bereits verstorben ist, hingegen nicht mehr gefeiert werden. Auch der *Sterbesegen* ist dann nicht mehr die geeignete Form, da im Sterbesegen das Leben des sterbenden Menschen bedacht und sein letzter irdischer Weg dem Segen Gottes anvertraut wird. Nach dem Verscheiden eines Menschen kann allerdings eine „Segensfeier für Verstorbene“ (siehe S. 157 ff.) gefeiert werden.

Für Verstorbene beten

I. GEBETE NACH DEM VERSCHEIDEN

Ist der Tod eingetreten, empfehlen die Anwesenden den/die Verstorbene/n dem Erlöser (siehe GL 608,4).

(L) A: Kommt herzu, ihr Heiligen Gottes,
eilt ihm / ihr entgegen, ihr Engel des Herrn.
Nehmt auf seine / ihre Seele und führt sie hin
vor das Antlitz des Allerhöchsten.

L: Christus nehme dich auf, der dich berufen hat,
und in das Himmelreich sollen Engel dich geleiten.
A: Nehmt auf seine / ihre Seele und führt sie hin
vor das Antlitz des Allerhöchsten.

L: Herr, gib ihm / ihr die ewige Ruhe,
und das ewige Licht leuchte ihm / ihr.
A: Nehmt auf seine / ihre Seele und führt sie hin
vor das Antlitz des Allerhöchsten.

L: Lasst uns beten.

Es folgt eines der nachfolgenden Gebete, welches gegebenenfalls an die Situation angepasst wird.

A L: Herr, unser Gott, wir empfehlen dir
unseren Bruder N. / unsere Schwester N.
In den Augen der Welt ist er / sie tot.
Lass ihn / sie leben bei dir.
Und was er / sie
aus menschlicher Schwäche gefehlt hat,
das tilge du in deinem Erbarmen.
Durch Christus, unsern Herrn.
A: Amen.

B Für eine verstorbene Mutter:

L: Gott, du hast Maria deinem Sohn Jesus Christus zur Mutter gegeben. Erbarmer dich deiner Dienerin (der verstorbenen Mutter) N., die ihrer Familie entrissen wurde. Nimm sie auf in deinen Frieden und schenke ihr die Erfüllung aller Liebe

und Treue. Bewahre alle, die sie auf Erden zurückgelassen hat, in deinem gütigen Schutz. Durch Christus, unseren Herrn.
A: Amen.

C Für einen verstorbenen Vater:

L: Gott, du liebst uns und sorgst für uns allezeit als guter Vater. Erbarme dich deines Dieners (des verstorbenen Vaters) N., der seiner Familie entrissen wurde. Nimm ihn auf in deinen Frieden und schenke ihm die Erfüllung aller Liebe und Treue. Bewahre alle, die er auf Erden zurückgelassen hat, in deinem gütigen Schutz.
Durch Christus, unseren Herrn.
A: Amen.

D Für eine/n verstorbene/n Jugendliche/n:

L: Gott, wir wissen, du bist der Herr des Lebens; du kannst es geben, du kannst es nehmen. Wir sind erschüttert durch den Tod von N., der/die unserer Liebe so früh entrissen wurde. Hilf uns, Trost zu finden in der Hoffnung, und schenke ihm/ihr die Fülle des Lebens, für die er/sie geschaffen ist.
Durch Christus, unseren Herrn.
A: Amen.

E Für eine/n plötzlich Verstorbene/n:

L: Herr und Gott, lass dein Angesicht leuchten über unserem Bruder N. / unserer Schwester N. und zeige an ihm/ihr, der/die uns so plötzlich entrissen wurde, die unendliche Macht deiner Liebe. Nimm ihn/sie auf in dein Reich und in die ewige Gemeinschaft mit dir.
Durch Christus, unseren Herrn.
A: Amen.

F Für eine/n nach langem Leiden Verstorbene/n:

L: Gott, unser Vater, der Tod hat ⌊unseren Bruder N. / unsere Schwester N.⌋ vom Leiden erlöst. Voll Vertrauen wenden wir uns zu dir: Du hast deinen Sohn nach seinem Sterben machtvoll vom Tode erweckt. So schenke auch ⌊unserem Bruder / unserer Schwester⌋ nach ⌊seinem / ihrem⌋ schmerzvollen Leiden die Freude bei dir und hilf uns allen, auf dem Weg des Kreuzes zur Auferstehung zu gelangen. Durch Christus, unseren Herrn.

A: Amen.

G In besonderen Situationen:

L: Gütiger Vater aller Menschen, wir bitten dich für ⌊deinen Diener N. / deine Dienerin N.⌋ ⌊dessen / deren⌋ Leben durch Dunkelheit geführt hat. Befreie ⌊ihn / sie⌋ von allem Leid und führe ⌊ihn / sie⌋ zu Glück und Freude in deinem Reich. Vergib uns, was wir durch Unverständnis an ⌊ihm / ihr⌋ gesündigt haben, und hilf uns verstehen, was du uns durch dieses Menschenleben sagen wolltest. Erhalte uns den Glauben, der die Welt überwindet, und führe den Tag herauf, der alles Stückwerk vollendet.
Durch Christus, unseren Herrn.

A: Amen.

H Für eine/n Verkündiger/in des Evangeliums:

L: Gott, unser Vater, durch deinen Sohn hast du Glück ohne Ende denen versprochen, die dein Reich suchen. Im Vertrauen auf sein Wort bitten wir dich für ⌊deinen Diener N. / deine Dienerin N.⌋, ⌊der sein / die ihr⌋ Leben in den Dienst der Verkündigung gestellt hat: nimm ⌊ihn / sie⌋ auf in die Freude ⌊seines / ihres⌋ Herrn, in das Reich des Friedens und der Liebe, das ⌊er / sie⌋ auf Erden vorbereitet hat und das du uns allen schenken willst. Durch Christus, unseren Herrn.
A: Amen.

I Für eine/n Ordensangehörige/n oder jemanden, der auf andere Weise nach den evangelischen Räten gelebt hat:

L: Herr Jesus Christus, du hast allen, die um deinetwillen auf eigenen Besitz und eine Familie verzichten, das Hundertfache in dieser Zeit und in der kommenden Welt das ewige Leben versprochen. Wir bitten dich für
⌊unseren Bruder N. / unsere Schwester N.⌋.
Gläubig hat ⌊er / sie⌋ deinen Ruf vernommen
und ist dir nachgefolgt. Verzeih ⌊ihm / ihr⌋, was in
⌊seinem / ihrem⌋ Leben dieser hohen Berufung
nicht entsprochen hat. Und da ⌊er / sie⌋ den Willen
hatte, (⌊in der Gemeinschaft seiner Brüder /
in der Gemeinschaft ihrer Schwestern⌋)
dir treu und standhaft zu dienen, so lass
⌊ihn / sie⌋ nun eingehen in deine Freude, die alle
Vorstellungen übertrifft. Denn du bist gut
und menschenfreundlich; dich preisen wir mit
dem Vater und dem lebenspendenden
Heiligen Geist in alle Ewigkeit.
A: Amen.

II. PSALMEN

Es können Psalmen oder einzelne Psalmverse gesprochen werden: Ps 23 (siehe S. 64) oder Ps 121 (siehe S. 111 f.).

III. LITANEI FÜR DIE VERSTORBENEN

Es empfiehlt sich, die Litanei für die Verstorbenen zu beten (GL 569 / KG 808). Die Patrone des/der Verstorbenen, der Familie und des Ortes können eigens genannt werden.

IV. ROSENKRANZ

Wenn der Rosenkranz gebetet wird, so kann man ihn auf folgende Weise gestalten: Den einzelnen Geheimnissen kann eine passende Lesung aus der Heiligen Schrift (etwa aus den Passionsberichten) oder eine kurze Meditation vorausgehen. Es empfiehlt sich, nach dem Schmerzhaften Rosenkranz (GL 4,6) wenigstens das erste Geheimnis des Glorreichen Rosenkranzes (GL 4,7) zu beten. Passende Liedstrophen können den einzelnen Teilen des Rosenkranzes angefügt werden.

V. TOTENVESPER

Auch in der Tagzeitenliturgie wird der Verstorbenen gedacht. Die Totenvesper (GL 655–658) eignet sich besonders, um gemeinsam für den/die Verstorbene/n zu beten.

Segensfeier für Verstorbene

Wenn ein Mensch verstorben ist, kann mit den Angehörigen am Totenbett (zu Hause, im Krankenhaus, Altenheim, Hospiz ...) eine Segensfeier für den/die Verstorbene gefeiert werden. Der/Die Verstorbene wird *gesegnet und der Sorge Gottes anvertraut.* Im gemeinsamen Gebet mit den Angehörigen kann die christliche Botschaft von der Auferstehung Trost und Zuversicht schenken.

VORBEREITUNGEN

Der Raum, in dem der/die Verstorbene liegt, kann passend hergerichtet werden. Dazu gehören:

- ☐ ggf. Kerze
- ☐ Blumen
- ☐ wenn möglich: Weihwasser

AUFBAU DER FEIER

Die mit [ ] gekennzeichneten Teile können entfallen.

ERÖFFNUNG
- Begrüßung und Einführung
- [Entzünden einer Kerze]
- Kreuzzeichen
- Kyrie-Rufe
- Eröffnungsgebet

WORTGOTTESDIENST

SEGNUNG DES/DER VERSTORBENEN

ABSCHLUSS
- Gebet des Herrn
- Schlussgebet
- Schlusssegen
- [Mariengruß]

ERÖFFNUNG

BEGRÜSSUNG UND EINFÜHRUNG

L kann mit eigenen Worten in den Gottesdienst einführen oder nachfolgende Formulierung verwenden:

L: N. ist gestorben. Abschied nehmen, gehen und loslassen müssen – das tut weh. Unsicherheiten und Fragen bedrängen uns; mit unseren Gedanken tappen wir im Dunkeln. Wir spüren unsere Einsamkeit und die Endgültigkeit dieser Stunde. Wir suchen nach etwas, das uns Halt und Trost gibt in dieser Zeit. In dieser Feier bitten wir Gott um seinen Segen für N., dessen / deren irdischer Weg nun zu Ende gegangen ist. Wir bitten Gott, dass er uns hilft, Abschied nehmen zu können. Wir vertrauen ihm all unsere Sorgen an und bitten, dass er uns in seinen Händen hält.

[ENTZÜNDEN EINER KERZE]

Wenn möglich, kann zu Beginn der Feier eine Kerze (Taufkerze oder Osterkerze) entzündet werden.

KREUZZEICHEN

L: Im Namen des Vaters und des Sohnes
und des Heiligen Geistes.
A: Amen.

L: Das Zeichen des Kreuzes erinnert uns daran, dass wir seit unserer Taufe in der Gemeinschaft mit Jesus Christus leben und in Gott geborgen sind.

KYRIE-RUFE

V: Herr Jesus Christus, du bist uns Menschen nahe. Herr, erbarme dich.
A: Herr, erbarme dich.

V: Du hast uns die Hoffnung auf ewiges Leben geschenkt. Christus, erbarme dich.
A: Christus, erbarme dich.

V: Du bist das Licht, das unsere Dunkelheit erhellt. Herr, erbarme dich.
A: Herr, erbarme dich.

ERÖFFNUNGSGEBET

L: Lasst uns beten.
Allmächtiger Gott, hilflos stehen wir dem Sterben unserer Lieben gegenüber; es fällt uns schwer, deine Pläne zu begreifen und zu bejahen. Der Tod ist unabänderlich. Du aber hast uns deinen Sohn gesandt und ihn für uns alle dahingegeben. Darum können uns weder Trübsal noch Bedrängnis, ja nicht einmal der Tod von deiner Liebe trennen. Erhalte uns in diesem Glauben und führe ⌊unseren Bruder N. / unsere Schwester N.⌋ zum neuen Leben.
Darum bitten wir durch Jesus Christus, unseren Herrn.
A: Amen.

WORTGOTTESDIENST

Je nach den Verhältnissen kann nun einer/eine der Anwesenden oder L selbst eine Lesung aus der Heiligen Schrift oder ein kurzes Schriftwort vortragen.

A Joh 14,1–3

V: Jesus Christus spricht: Euer Herz lasse sich nicht verwirren. Glaubt an Gott und glaubt an mich! Im Haus meines Vaters gibt es viele Wohnungen. Wenn es nicht so wäre, hätte ich euch dann gesagt: Ich gehe, um einen Platz für euch vorzubereiten? Wenn ich gegangen bin und einen Platz für euch vorbereitet habe, komme ich wieder und werde euch zu mir holen, damit auch ihr dort seid, wo ich bin.

B Offb 14,13

V: Selig die Toten, die im Herrn sterben, von jetzt an; ja, spricht der Geist, sie sollen ausruhen von ihren Mühen; denn ihre Taten folgen ihnen nach.

C Joh 14,6

V: Jesus Christus spricht: Ich bin der Weg und die Wahrheit und das Leben; niemand kommt zum Vater außer durch mich.

D Röm 14,8

V: Leben wir, so leben wir dem Herrn, sterben wir, so sterben wir dem Herrn. Ob wir leben oder ob wir sterben, wir gehören dem Herrn.

E Es kann auch ein Psalm gelesen werden:
Ps 23 (siehe S. 64) oder Ps 121 (siehe S. 111 f.).

Danach kann eine kurze Stille folgen.

SEGNUNG DES/DER VERSTORBENEN

Zur Segnung des/der Verstorbenen kann eine der beiden folgenden Formen gewählt werden. Form A eignet sich unmittelbar nach dem Verscheiden oder wenn die Zeit des Versterbens noch nicht lange zurückliegt.

Im Anschluss zeichnet L dem/der Verstorbenen nach Möglichkeit mit Weihwasser ein Kreuz auf die Stirn. Der/Die Verstorbene kann auch mit Weihwasser besprengt werden. Auch die Angehörigen können dazu eingeladen werden, dem/der Verstorbenen (mit Weihwasser) ein Kreuz auf die Stirn zu zeichnen oder ihn/sie auf andere Weise zu segnen.

A (Für das gemeinsames Gebet im Wechsel siehe GL 608,4.)

(L) A: Kommt herzu, ihr Heiligen Gottes,
eilt ihm / ihr entgegen, ihr Engel des Herrn.
Nehmt auf seine / ihre Seele und führt sie hin
vor das Antlitz des Allerhöchsten.

L: Christus nehme dich auf, der dich berufen hat,
und in das Himmelreich sollen Engel dich geleiten.
A: Nehmt auf seine / ihre Seele und führt sie hin
vor das Antlitz des Allerhöchsten.

L: Herr, gib ihm / ihr die ewige Ruhe,
und das ewige Licht leuchte ihm / ihr.
A: Nehmt auf seine / ihre Seele und führt sie hin
vor das Antlitz des Allerhöchsten.

L: Lasst uns beten.
Herr, du Gott des Lebens, segne (+)
unseren Bruder N. / unsere Schwester N.
und vollende an ihm / ihr,
was du in der Taufe begonnen hast.
In den Augen der Welt ist er / sie tot.
Lass ihn / sie leben bei dir.
Und was er / sie aus menschlicher Schwäche
verfehlt hat, das heile du in deinem Erbarmen.
Darum bitten wir durch Jesus Christus,
unseren Herrn.
A: Amen.

B L: Es segne dich Gott, der Vater,
der dich nach seinem Bild geschaffen hat.
Es segne dich Gott, der Sohn,
der dich durch sein Leiden und Sterben erlöst hat.
Es segne dich Gott, der Heilige Geist,
der dich zum Leben gerufen und geheiligt hat.
Gott geleite dich durch das Dunkel des Todes
in sein Licht.
Er sei dir gnädig und nehme dich auf
in seine Herrlichkeit.
A: Amen.

ABSCHLUSS

GEBET DES HERRN

L: Lasst uns all das, was uns bewegt,
unsere Trauer, unsere Bitten, unsere Hoffnungen,
in dem Gebet vor Gott bringen, das Jesus selbst
seine Jünger gelehrt hat.
(Dabei schließen wir auch alle in unser Gebet ein,
die mit N. verbunden sind und jetzt nicht hier sein
können.)
A: Vater unser ... (siehe S. 241)

SCHLUSSGEBET

A Schlussgebet für den/die Verstorbene/n und
die Angehörigen:

L: Gott, dein Sohn hat unser Leben geteilt bis in
den Tod. Er hat gelitten, ist gestorben und ist
begraben worden. Du aber hast ihn zum Leben
auferweckt. Wir bitten dich für
⌊unseren verstorbenen Bruder N. /
unsere verstorbene Schwester N.⌋.
Komm ⌊ihm / ihr⌋ mit Liebe entgegen
und führe ⌊ihn / sie⌋ in dein Reich.
Denen aber, die voll Trauer sind,
schenke Hoffnung und Trost durch deinen Sohn,
Jesus Christus, unseren Herrn.
A: Amen.

B Schlussgebet bei liebevollen Familienverhältnissen:

L: Gott, in deiner Liebe bist du uns nahe.
Du führst uns auf all unseren Wegen. Ob wir
leben oder sterben, wir sind in dir geborgen.
Blicke auf alle, die um N. trauern. Tröste sie in
ihrem Schmerz und schenke ihnen Kraft und
Zuversicht. Sei ihnen Licht im Dunkel dieser
Stunde. Nimm N. bei dir auf und führe uns alle
zusammen in deinem Reich, in dem du lebst und
herrschst in Ewigkeit.

A: Amen.

C Schlussgebet bei belasteten Familienverhältnissen:

L: Du Gott allen Trostes. Lebende und Verstorbene umfängst du mit deinem Erbarmen.
Aller Hoffnung und Sehnsucht unseres Herzens schenkst du ewige Erfüllung in deinem Reich.
Da lässt du gut werden, was Mühsal war in unserem Leben, und machst ganz, was Stückwerk blieb unter unseren Händen. Du heilst, was wir an Wunden in uns tragen und versöhnst am Ende, was nicht mehr zueinander fand in dieser Zeit. Lindere allen Schmerz und schenke deinen Frieden.
Darum bitten wir durch Christus, unseren Herrn.
A: Amen.

SCHLUSSSEGEN

L: Gott segne euch und alle, die sich mit N. verbunden fühlen. Er segne eure Liebe füreinander und begleite euch auf dem Weg, der vor euch liegt. Gott stärke euch und schenke euch Frieden.

So segne uns alle der dreieinige Gott,
der Vater und der Sohn und der Heilige Geist.
A: Amen.

[MARIENGRUSS]

Segensfeier für ein Kind, das vor, während oder nach der Geburt verstorben ist

In der Schwangerschaft, während oder nach der Geburt ein Kind zu verlieren, ist ein Ereignis, das Mütter und Väter ihr Leben lang begleitet. Mit dem Kind stirbt ein Stück Zukunft, sterben Visionen und Pläne. Die *Gefühle und Reaktionen* in der kurzen Zeitspanne zwischen medizinischem Befund und endgültigem Abschied sind *höchst unterschiedlich und oft ambivalent*: Schmerz und Wut, Verzweiflung und Ohnmacht, Sprachlosigkeit und Leere, Schuldgefühle dem Kind gegenüber, Erleichterung, dass die Ungewissheit vorbei ist, unsägliche Trauer ...

Für Eltern können *gottesdienstliche Zeichen des Abschiednehmens* in dieser Situation eine Hilfe sein, ihrer Trauer Raum und Ausdruck zu geben. Dabei sollte sich die Gestaltung einer solchen Feier an der Situation und der Gefühlslage der Betroffenen orientieren. Hilfreich sind Gebete, Texte, Psalmen und Zeichen, die die ganze Bandbreite emotionaler Empfindungen wiedergeben, also nicht nur von Leben und Auferstehung sprechen, sondern auch Leid und Not der Trauer ausdrücken. Alles darf im Gebet seinen Platz finden, auch Enttäuschung, Wut, Zorn und Hadern. Auch in der Situation eines Schwangerschaftsabbruchs kann eine solche Segensfeier angemessen sein.

Eine *Segensfeier* eröffnet den Raum für die Mutter und den Vater, sich als Eltern ihres Kindes wahrzunehmen, ihr Kind als Teil ihres Lebens zu begrüßen und dessen Leben zu würdigen.

Wenn die Eltern ihrem Kind nicht bereits in den Wochen der Schwangerschaft einen Namen gegeben haben, ist es hilfreich, sie an dieser Stelle dazu zu ermutigen. Die *Namensgebung* kann auch vor der Segnung feierlich begangen werden. Einem Kind einen Namen zu geben, bedeutet, dieses als Person anzuerkennen. Es kann sinnvoll sein, die Namensgebung durch ein Formular oder durch eine Eintragung in ein Namensbuch für die verstorbenen Kinder im Krankenhaus zu dokumentieren, besonders dann, wenn Eltern nach einer Fehlgeburt keine Geburts- und Sterbeurkunde erhalten. Daher kann den Eltern eine Namensbestätigung als Anerkennung und Andenken übergeben werden.

Zur Segensfeier können auf Wunsch der Eltern auch Geschwister, Großeltern, Freunde der Familie und Mitarbeiter/innen des Krankenhauses *eingeladen* werden.

VORBEREITUNGEN

Nach Möglichkeit sind für die Feier vorzubereiten:
- ☐ Weihwasser (in einer kleinen Schale)
- ☐ eine Kerze (Osterkerze)

Mitarbeiter/innen des Krankenhauses sollten über den Gottesdienst informiert werden, damit unnötige Störungen vermieden werden können. Sie können auch in die Feier eingebunden werden.

AUFBAU DER FEIER

Die mit [ ] gekennzeichneten Teile können entfallen.

ERÖFFNUNG
- Begrüßung und Einführung
- Kreuzzeichen
- [Entzünden einer Kerze]
- [Kyrie-Rufe]
- Eröffnungsgebet

WORTGOTTESDIENST

SEGNUNG DES VERSTORBENEN KINDES
- [Namensgebung]
- [Rückblick und Dank]
- Gebetseinladung und stilles Gebet
- Segen

ABSCHLUSS
- Gebet des Herrn
- [Schlussgebet]
- Schlusssegen

ERÖFFNUNG

BEGRÜSSUNG UND EINFÜHRUNG

L kann mit eigenen Worten in den Gottesdienst einführen oder nachfolgende Formulierung verwenden:

L: Wir sind zusammengekommen, weil wir von Ihrem Kind Abschied nehmen müssen und für Ihr Kind um Gottes Segen bitten wollen.
Liebe Eltern, Ihr Kind ist aus Ihrer Liebe entstanden. Es hat gelebt und war bei Ihnen beiden geborgen. Sie haben sich auf Ihr Kind gefreut, es hat Ihr Leben schon mitgestaltet und geprägt.
Sie haben sich schon vorgestellt, wie es sein wird, wenn es da ist. Alles ist anders gekommen! Und jetzt ist da eine unsagbare Traurigkeit, ein tiefer Schmerz, eine große Leere.
Uns alle bewegen in diesem Moment ganz unterschiedliche Gefühle, Gedanken und Fragen, auf die es keine passende Antwort geben kann. Im Tod eines Kindes können wir keinen Sinn entdecken. Dieser Abschied fällt unendlich schwer.
Und so kommen wir mit allem, was uns bewegt, vor Gott und vertrauen es ihm im Gebet an.

KREUZZEICHEN

L: Im Namen des Vaters und des Sohnes
und des Heiligen Geistes.
A: Amen.

[ENTZÜNDEN EINER KERZE]

Wenn möglich, kann zu Beginn der Feier eine Kerze (Osterkerze) entzündet werden.

L: Licht ist Leben. Für uns Christen ist Jesus Christus dieses lebensspendende Licht. Das Licht der Kerze, die wir nun für Ihr Kind entzünden, soll uns an Jesus Christus erinnern und daran, dass er die Dunkelheiten unseres Lebens vertreibt.

[KYRIE-RUFE]

V: Herr Jesus Christus, du hast dich für uns ganz klein gemacht, bist Mensch geworden, um uns Menschen nahe zu sein. Herr, erbarme dich.
A: Herr, erbarme dich.

V: Du hast Schweres auf dich genommen, hast gelitten bis in den Tod. Christus, erbarme dich.
A: Christus, erbarme dich.

V: Du bist nicht im Tod geblieben, sondern auferstanden zum neuen Leben. Herr, erbarme dich.
A: Herr, erbarme dich.

ERÖFFNUNGSGEBET

L: Lasst uns beten.
Erhöre, o Gott, unser Gebet.
Du hast diesem Kind das Leben geschenkt.
Doch ⌊noch ehe es geboren war /
schon nach seiner Geburt⌋,
wurde es aus dieser Welt genommen.
Leben und Tod bleiben uns ein Geheimnis, das wir nicht begreifen. Im Glauben aber wissen wir, dass du dieses Kind liebst. Wir bitten dich: Tröste die Eltern in ihrem Schmerz und richte sie auf in der Hoffnung auf dich.
Darum bitten wir durch Jesus Christus,
unseren Herrn.
A: Amen.

WORTGOTTESDIENST

Je nach Situation kann nun einer/eine der Anwesenden oder L selbst eine Lesung aus der Heiligen Schrift oder ein kurzes Schriftwort vortragen.

A Jes 49, 14–16a

V: Im Buch des Propheten Jesája heißt es:
Zion sagt: Der HERR hat mich verlassen, Gott hat mich vergessen. Kann denn eine Frau ihr Kindlein vergessen, ohne Erbarmen sein gegenüber ihrem leiblichen Sohn? Und selbst wenn sie ihn vergisst: Ich vergesse dich nicht. Sieh her: Ich habe dich eingezeichnet in meine Hände – Spruch des Herrn.

B Offb 21,1a.3–5a

V: In der Offenbarung des Johannes heißt es:
Ich, Johannes, sah einen neuen Himmel und eine neue Erde. Da hörte ich eine laute Stimme vom Thron her rufen: Seht, die Wohnung Gottes unter den Menschen! Er wird in ihrer Mitte wohnen und sie werden sein Volk sein; und er, Gott, wird bei ihnen sein. Er wird alle Tränen von ihren Augen abwischen: Der Tod wird nicht mehr sein, keine Trauer, keine Klage, keine Mühsal. Denn was früher war, ist vergangen. Er, der auf dem Thron saß, sprach: Seht, ich mache alles neu.

C vgl. Jes 43,1.3

V: Im Buch des Propheten Jesája heißt es:
So spricht Gott, der HERR, der dich erschaffen hat: Fürchte dich nicht, denn ich habe dich ausgelöst, ich habe dich beim Namen gerufen, du gehörst mir! Denn ich, der HERR, bin dein Gott, ich, der Heilige Israels, bin dein Retter.

SEGNUNG DES VERSTORBENEN KINDES

[NAMENSGEBUNG]

L: Liebe Eltern, welchen Namen
wollen Sie Ihrem Kind geben?
Eltern: N.

L: N. sollst du heißen. Du wirst für immer einen Platz in unserer Gemeinschaft und in unserer Erinnerung haben. Gott, unser Schöpfer, hat dich in seine Hände eingezeichnet und bei deinem Namen gerufen.

Der Name des Kindes zusammen mit Datum und Ort kann an dieser Stelle in ein Namensbuch oder auf eine Urkunde geschrieben werden.

[RÜCKBLICK UND DANK]

L: An dieser Stelle soll Raum sein, sich an all das zu erinnern, was Sie mit N. verbindet: Was haben Sie sich alles erträumt, das jetzt unerfüllt bleibt? Wie hat N. bereits Ihr Leben verändert?

GEBETSEINLADUNG UND STILLES GEBET

L: Lasst uns nun für N. in Stille beten. – Stille –

SEGEN

Während des Segens zeichnet L dem Kind nach Möglichkeit mit Weihwasser ein Kreuz auf Stirn, Hände, Füße und in Herzensnähe.

N., dein Leben ist einmalig und kostbar.
Gott, der dich erschaffen
und beim Namen gerufen hat, segne dich.

Alles, was du wahrgenommen hast
mit all deinen Sinnen,
sei gesegnet durch den dreieinigen Gott.
Kreuzzeichen auf die Stirn

Alles, was du gespürt hast,
jede Regung deines Herzens
sei bewahrt vom liebenden Gott.
Kreuzzeichen in Herzensnähe

Alles, was in dir angelegt war,
alles, was nicht zur Entfaltung kommen konnte,
sei vollendet im barmherzigen Gott.
Kreuzzeichen auf Hände und Füße

Gott sende dir seinen Engel entgegen.
Er trage dich durch Dunkelheit und Nacht
ins Licht.

Im Namen des Vaters und des Sohnes
und des Heiligen Geistes.
A: Amen.

Auch die Eltern und die weiteren Anwesenden können dazu eingeladen werden, dem Kind (mit Weihwasser) ein Kreuz auf die Stirn zu zeichnen oder es auf andere Weise zu segnen. Sie können dazu mit folgenden oder ähnlichen Worten eingeladen werden:

L: Wenn Sie möchten, können Sie einzeln Ihr Kind auf Ihre Weise segnen: Sie können ihm etwas Gutes sagen, für Ihr Kind danken, es unter den Schutz Gottes stellen, oder bei Gott etwas für Ihr Kind erbitten. Sie können Ihren Wunsch laut aussprechen oder auch still im Herzen äußern. Sie können Ihr Kind auch (mit Weihwasser) mit einem Kreuzzeichen segnen oder ihm durch eine andere liebevolle Geste ein Zeichen der Nähe schenken.

ABSCHLUSS

GEBET DES HERRN

Mit folgenden oder ähnlichen Worten leitet L in das Gebet des Herrn ein:

L: Lasst uns all das, was uns bewegt, unsere Trauer, unsere Bitten, unsere Hoffnungen, in dem Gebet vor Gott bringen, das Jesus selbst seine Jünger gelehrt hat. (Dabei schließen wir auch alle in unser Gebet ein, die mit uns verbunden sind und jetzt nicht hier sein können.)
A: Vater unser ... (siehe S. 241)

[SCHLUSSGEBET]

L: Gott, du kennst die Herzen und tröstest die Trauernden. Du weißt um den Glauben dieser Eltern, die den Tod ihres Kindes beweinen. Gewähre ihnen Trost in der Zuversicht, dass ihr Kind bei dir geborgen ist.
Darum bitten wir durch Christus, unseren Herrn.
A: Amen.

SCHLUSSSEGEN

L: Gott segne euch und alle, die sich mit euch verbunden fühlen. Er segne eure Liebe füreinander. Er helfe euch, Abschied zu nehmen und stärke euch in der Hoffnung auf ein Wiedersehen.
Gott begleite euch und schenke euch Frieden.

So segne uns alle der dreieinige Gott,
der Vater und der Sohn und der Heilige Geist.
A: Amen.

SEGNUNGEN

Der Mensch ist *segensbedürftig*. Er sehnt sich nach Heil, Schutz, Glück und Erfüllung seines Lebens. Darum sprechen sich Menschen gegenseitig Segen zu: Sie wünschen sich Gutes. Sie erhoffen und erbitten den Segen von Gott, der Quelle alles Guten und allen Segens ist.

Segnungen sind Zeichenhandlungen, in denen die Sorge Gottes um den Menschen und seine Welt erfahrbar werden. Die Zeichenhandlungen sollen das Leben aus dem Glauben deuten und gestalten. Die Gaben der Schöpfung und das Werk des Menschen sind Anlass, sich zu Gott hinzukehren, ihm zu danken, ihn zu preisen und ihn um Hilfe anzurufen. Jede Segnung ist daher *Lobpreis Gottes für das Geschenk seiner Güte und Bitte um seinen Segen.*

Segnungen sind immer Tun der Kirche und niemals nur rein private Handlungen. Deshalb sollen in der Regel die Gemeinde oder Personen, die um die betreffende Segnung bitten, daran teilnehmen. Die Anwesenden sollen sich durch Akklamationen, Gebet und Gesang an der Feier *beteiligen*. Die verschiedenen *Dienste* sollen entsprechend wahrgenommen werden. L achte darauf, dass der Lektoren-, Kantoren- und Vorbeterdienst nach Möglichkeit von anderen Personen übernommen wird.

Die folgenden Formulare für die einzelnen Segensfeiern bieten nicht alle Einzelelemente, sondern nur die dem Anlass entsprechenden Texte. Die vorangestellte *Grundform* einer Segensfeier kann durch Erweiterungen oder Kürzungen *an die jeweilige Situation angepasst* werden. Dabei ist jedoch zu beachten, dass die Struktur gewahrt bleibt: Außer dem *Segensgebet mit den Anrufungen* gehören als wichtigste Elemente zu jeder Segenshandlung die Schriftlesung oder wenigstens ein *Schriftwort* und eine *kurze Deutung* der Segenshandlung, damit der Zusammenhang zwischen dem Heilswerk Gottes und der Segenshandlung deutlich gemacht wird. Im Segen wird Gott für seine Schöpfung gepriesen und seine Hilfe für den Menschen oder der rechte Gebrauch und Nutzen einer Sache erbeten.

Neben den einzelnen Elementen kommt den begleitenden Handlungen besondere Bedeutung zu. So soll das *Kreuzzeichen* bei keiner Segnung fehlen, da es auf das Kreuz des Herrn als Höhepunkt allen Lobpreises, als die Quelle allen Segens und die Ursache aller Gnade hinweist. Das *Weihwasser* weist hin auf Leben und Reinigung und erinnert an die Taufe. Beim Segnen kann es die Lebensmacht Gottes zeichenhaft verdeutlichen. Das *Auflegen oder Ausbreiten der Hände* bei der Segnung von Personen bringt die Bitte um den Segen Gottes über sie und die Mitteilung des Segens durch die Kirche besonders stark zum Ausdruck. Die *Fürbitten* sollen vom Anlass der Feier her geprägt sein, sich aber nicht bloß auf den Kreis der Versammelten beschränken.

Aufgrund der Teilhabe am Priestertum Christi kann *jede/r Getaufte und Gefirmte segnen.* Je mehr aber eine Segnung auf die Kirche als solche und auf ihre sakramentale Mitte bezogen ist, desto mehr ist sie den Trägern eines Dienstamtes (Bischof, Priester, Diakon) zugeordnet. So werden etwa die *Segnungen öffentlicher Einrichtungen durch einen Amtsträger* vollzogen, der die Kirche in diesem Bereich vertritt. Daher sind dem Bischof Segnungen vorbehalten, in denen eine besondere Beziehung zur Diözese sichtbar wird. Priester, Diakone oder beauftragte Laien segnen im Leben der Pfarrgemeinde oder im örtlichen öffentlichen Leben. Eltern segnen in der Familie.

Beauftragte Laien können als *Segensgeste* bei der Segnung von Personen diesen ein Kreuz auf die Stirn zeichnen. Bei der Segnung von Gegenständen entfällt das Kreuzzeichen mit der Hand. Laien können Weihwasser reichen, womit die Gesegneten sich selbst bekreuzigen. Oder sie können die um den Segen bittenden Gläubigen mit Weihwasser besprengen. Die zu segnenden Gegenstände (und die ganze Gemeinde) können mit Weihwasser besprengt, gegebenenfalls auch inzensiert werden. Außer bei der Segnung der Katechumenen bleibt die Gebärde der Handauflegung oder des Ausbreitens beider Hände über der Gemeinde während der Segnung den Bischöfen, Priestern und Diakonen vorbehalten.

Ob und welche *liturgische Kleidung* getragen wird, richtet sich nach dem Anlass, den Teilnehmenden und nach dem Grad der Öffentlichkeit. Die Farbe der Paramente ist weiß oder der Zeit des Kirchenjahres oder dem jeweiligen Fest entsprechend.

Die Grundform einer Segensfeier

AUFBAU DER FEIER

Die Grundform einer Segensfeier, die durch Erweiterung oder Kürzung an die jeweilige Situation angepasst werden kann, umfasst folgende Elemente.

ERÖFFNUNG
- Eröffnung mit Gesang und Kreuzzeichen
- Begrüßung und Einführung
- [Kyrie-Rufe]
- Eröffnungsgebet

WORTGOTTESDIENST
- **Schriftlesung/Schriftwort**
- [Antwortpsalm]
- **Ansprache**

SEGNUNG
- Anrufungen
- **Segensgebet mit Zeichenhandlung**

ABSCHLUSS
- Fürbitten
- Gebet des Herrn
- [Schlussgebet]
- Schlusssegen und Entlassung

ERÖFFNUNG

ERÖFFNUNG MIT GESANG UND KREUZZEICHEN

Die Segensfeier wird mit Gesang oder Musik eröffnet. Danach spricht L:

L: Im Namen des Vaters und des Sohnes
und des Heiligen Geistes.
A: Amen.

BEGRÜSSUNG UND EINFÜHRUNG

A L: Unsere Hilfe ist im Namen des Herrn.
A: Der Himmel und Erde erschaffen hat.

B Wenn ein Priester oder Diakon die Feier leitet:

P/D: Der Herr sei mit euch.
A: Und mit deinem Geiste.

Danach führt L in die Feier ein.

[KYRIE-RUFE]

Es können Kyrie-Rufe folgen.

ERÖFFNUNGSGEBET

Die Eröffnung wird mit einem Gebet abgeschlossen.

WORTGOTTESDIENST

SCHRIFTLESUNG/SCHRIFTWORT

Es folgt eine Schriftlesung oder ein Schriftwort entweder aus der betreffenden Segnung oder eine andere passende Lesung.

A Gen 12,1–3

V: Lesung aus dem Buch Genesis.
In jenen Tagen sprach der HERR zu Abram: Geh fort aus deinem Land, aus deiner Verwandtschaft und aus deinem Vaterhaus in das Land, das ich dir zeigen werde! Ich werde dich zu einem großen Volk machen, dich segnen und deinen Namen groß machen. Ein Segen sollst du sein. Ich werde segnen, die dich segnen; wer dich verwünscht, den werde ich verfluchen. Durch dich sollen alle Sippen der Erde Segen erlangen.

B 1 Chr 29,10–13

V: Lesung aus dem ersten Buch der Chronik.
David pries den HERRN vor der ganzen Versammlung und rief: Gepriesen bist du, HERR, Gott unseres Vaters Israel, von Ewigkeit zu Ewigkeit. Dein, HERR, sind Größe und Kraft, Ruhm und Glanz und Hoheit; dein ist alles im Himmel und auf Erden. HERR, dein ist das Königtum. Du erhebst dich als Haupt über alles. Reichtum und Ehre kommen von dir; du bist der Herrscher über das All. In deiner Hand liegen Kraft und Stärke; es steht in deiner Hand, alles groß und stark zu machen. Darum danken wir dir, unser Gott, und rühmen deinen herrlichen Namen.

C 1 Tim 4,4–5

V: Lesung aus dem ersten Brief an Timótheus.
Alles, was Gott geschaffen hat, ist gut und nichts ist verwerflich, wenn es mit Dank genossen wird; es wird geheiligt durch Gottes Wort und durch das Gebet.

D Offb 15,3b

V: Groß und wunderbar sind deine Taten, Herr und Gott, du Herrscher über die ganze Schöpfung.

[ANTWORTPSALM]

Nach der Lesung kann ein Psalm gesungen werden.

ANSPRACHE

Die Ansprache soll auf die Situation und Einstellung der Teilnehmenden eingehen und die Segenshandlung aus dem Wort Gottes deuten. Der Ansprache kann ein Gesang folgen.

SEGNUNG

ANRUFUNGEN

Der Höhepunkt der Feier ist das Segensgebet, dem nach Möglichkeit Anrufungen vorausgehen. Dabei kann eines der folgenden drei Modelle verwendet werden:

Modell I

K: Du hast dem Menschen deine Schöpfung anvertraut.
Wir loben dich.
A: Wir preisen dich.
K: Aus deiner Hand kommt jede gute Gabe.
Wir loben dich.
A: Wir preisen dich.

Modell II

K: Er segnet uns in seinem Sohn (Geist).
A: Danket dem Herrn, denn er ist gut.

Modell III (Melodie siehe GL 582,2)

K: Der Name des Herrn sei gepriesen.
A: Von nun an bis in Ewigkeit.

SEGENSGEBET MIT ZEICHENHANDLUNG

A Bei der Segnung von Personen:

L: Guter Gott, wir danken dir für N. (und N.),
der / die heute ...
Du hast ihn / sie bis zu diesem Tage geführt.
Wir bitten dich: Segne (+) N. (und N.)
und lass ihn / sie selbst ein Segen sein
für seine / ihre Nächsten.
Lass ihn / sie wachsen im Glauben,
in der Hoffnung und in der Liebe.
Sei ihm / ihr / ihnen nahe
auf den Wegen seines / ihres Lebens
und führe ihn / sie in dein Reich
durch Christus, unseren Herrn.
A: Amen.

B Bei der Segnung jeglicher Dinge:

L: Allmächtiger, ewiger Gott,
du hast uns deine Schöpfung anvertraut,
dass wir sie bewahren und gestalten.

Dankbar nehmen wir alles aus deiner Hand entgegen
und bitten dich:
Segne (+) ⌊dieses / diese / diesen⌋ ...
und erfülle die Menschen mit der Gnade,
alles nach deinem Willen zu gebrauchen
– dir zur Ehre und uns Menschen zum Heil –
durch Christus, unseren Herrn.
A: Amen.

ABSCHLUSS

FÜRBITTEN

Auf das Segensgebet folgen die Fürbitten. Sie sollen vom Anlass der Feier her geprägt sein. Die Versammelten werden eingeladen, eigene persönliche Fürbitten zu formulieren.

GEBET DES HERRN

L: Lasst uns beten, wie der Herr uns zu beten gelehrt hat:
A: Vater unser ... (siehe S. 241)

[SCHLUSSGEBET]

Zum Abschluss kann eine Oration angefügt werden.

L: Lebendiger Gott,
wir danken dir für alles, was du uns schenkst.
Wir können erfahren, dass du uns nahe bist.
Du bist Helfer und Halt in all unserem Mühen.
Wir bitten dich:
Nimm an, was wir geschaffen haben,
und vollende, was unvollkommen geblieben ist.
Lass uns das Ziel erreichen,
das uns dein Sohn verheißen hat:
das Leben in Fülle.
Darum bitten wir durch ihn, Christus,
unseren Herrn.
A: Amen.

SCHLUSSSEGEN UND ENTLASSUNG

Die Feier schließt mit dem Segen und dem Entlassungsruf. Es kann ein Danklied oder Instrumentalmusik für den Abschluss der Feier verwendet werden.

A Wenn ein Priester oder Diakon die Feier leitet:

P/D: Der Herr sei mit euch.
A: Und mit deinem Geiste.

P/D: Der Segen des allmächtigen Gottes, des Vaters und des Sohnes + und des Heiligen Geistes, komme auf euch herab und bleibe bei euch allezeit.
A: Amen.

P/D: Gehet hin in Frieden.
A: Dank sei Gott, dem Herrn.

B Wenn ein Laie die Feier leitet:

L: Unsere Hilfe ist im Namen des Herrn.
A: Der Himmel und Erde erschaffen hat.

L: Es segne uns der allmächtige Gott,
der Vater und der Sohn und der Heilige Geist.
A: Amen.

L: Gelobt sei Jesus Christus.
A: In Ewigkeit. Amen.

Segnung einer Familie

Die Familie wird schon in der alten Kirche als Hauskirche bezeichnet. Sie ist der wichtigste Ort der personalen Gottesbegegnung und der Einübung in den Glaubensvollzug. Die Familie ist eine Zelle im Lebensorganismus Kirche.

SCHRIFTLESUNG

Phil 2,1–4

V: Lesung aus dem Brief des Apostels Paulus an die Gemeinde in Philíppi.
Wenn es Ermahnung in Christus gibt, Zuspruch aus Liebe, eine Gemeinschaft des Geistes, ein Erbarmen und Mitgefühl, dann macht meine Freude vollkommen, dass ihr eines Sinnes seid, einander in Liebe verbunden, einmütig, einträchtig, dass ihr nichts aus Streitsucht und nichts aus Prahlerei tut. Sondern in Demut schätze einer den andern höher ein als sich selbst. Jeder achte nicht nur auf das eigene Wohl, sondern auch auf das der anderen.

ANRUFUNGEN

L: Preiset den Herrn, denn er ist gut.
A: Danket dem Herrn, denn er ist gut.

L: Er segnet uns in seinem Sohn (Geist).
A: Danket dem Herrn, denn er ist gut.

SEGENSGEBET

L: Wir preisen dich, Herr, unser Gott, denn es war dein Wille, dass dein Sohn in einer menschlichen Familie gelebt und ihre Sorgen und Freuden geteilt hat. Schütze und bewahre diese Familie. Stärke sie mit deiner Gnade und mache sie zufrieden und glücklich. Hilf allen Familienmitgliedern, einander in Enttäuschungen und Leiden beizustehen.
Lass sie in Liebe und Eintracht für dich und füreinander da sein und einander dienen, wie dein Sohn es uns vorgelebt hat, der mit dir lebt und herrscht in alle Ewigkeit.
A: Amen.

L: Es segne euch / uns der allmächtige Gott,
der Vater und der Sohn (+) und der Heilige Geist.
A: Amen.

Segnung werdender Eltern

Wo Leben beginnt, begegnen wir dem Geheimnis Gottes, der die Quelle des Lebens ist. Seine Sorge gilt allem, was lebt. Jeder Mensch ist schon im Mutterschoß in Gott geborgen. Das will die Segnung werdender Eltern vor der Geburt ihres Kindes zum Ausdruck bringen. In diesem Glauben sollen die Eltern mit Zuversicht den Tag der Geburt erwarten dürfen.

SCHRIFTLESUNG

Lk 1,39–45
V: **Lesung aus dem heiligen Evangelium nach Lukas.**
In jenen Tagen machte sich Maria auf den Weg und eilte in eine Stadt im Bergland von Judäa. Sie ging in das Haus des Zacharías und begrüßte Elisabet. Und es geschah: Als Elisabet den Gruß Marias hörte, hüpfte das Kind in ihrem Leib. Da wurde Elisabet vom Heiligen Geist erfüllt und rief mit lauter Stimme: Gesegnet bist du unter den Frauen und gesegnet ist die Frucht deines Leibes. Wer bin ich, dass die Mutter meines Herrn zu mir kommt? Denn siehe, in dem Augenblick, als ich deinen Gruß hörte, hüpfte das Kind vor Freude in meinem Leib. Und selig, die geglaubt hat, dass sich erfüllt, was der Herr ihr sagen ließ.

ANRUFUNGEN

L: **Preiset den Herrn, denn er ist gut.**
A: **Danket dem Herrn, denn er ist gut.**

L: **Er segnet uns in seinem Sohn (Geist).**
A: **Danket dem Herrn, denn er ist gut.**

SEGENSGEBET

L: Herr und Gott, Schöpfer allen Lebens.
Blicke auf diese Eltern, die für sich und ihr Kind um deinen Segen bitten.
Erfülle sie mit tiefer Freude über das Wunder des Lebens und segne (+) sie. Beschütze sie und gib, dass das Kind, das sie erwarten, gesund das Licht dieser Welt erblickt. Lass das Kind bei seinen Eltern geborgen sein und die Liebe finden, die es in seinem Leben braucht.
Darum bitten wir durch Christus, unseren Herrn.
A: Amen.

Segnung eines neugeborenen Kindes und seiner Eltern

Die Geburt eines Kindes erfüllt die Eltern mit großer Freude und Dankbarkeit. Zugleich haben sie die Ungewissheit der Zukunft vor Augen. Wenn die Taufe des Kindes nicht unmittelbar nach der Geburt gefeiert wird, können das neugeborene Kind und seine Eltern zunächst gesegnet werden. Darin können sie erfahren, dass Gott sie auf ihrem weiteren Weg begleitet.

SCHRIFTLESUNG

Lk 1,46–55
V: Lesung aus dem heiligen Evangelium nach Lukas.
In jener Zeit sagte Maria: Meine Seele preist die Größe des Herrn und mein Geist jubelt über Gott, meinen Retter. Denn auf die Niedrigkeit seiner Magd hat er geschaut. Siehe, von nun an preisen mich selig alle Geschlechter. Denn der Mächtige hat Großes an mir getan und sein Name ist heilig. Er erbarmt sich von Geschlecht zu Geschlecht über alle, die ihn fürchten. Er vollbringt mit seinem Arm machtvolle Taten: Er zerstreut, die im Herzen voll Hochmut sind; er stürzt die Mächtigen vom Thron und erhöht die Niedrigen. Die Hungernden beschenkt er mit seinen Gaben und lässt die Reichen leer ausgehen. Er nimmt sich seines Knechtes Israel an und denkt an sein Erbarmen, das er unsern Vätern verheißen hat, Abraham und seinen Nachkommen auf ewig.

ANRUFUNGEN

L: Guter Gott, wir loben dich und preisen dich, denn groß bist du und staunenswert ist alles, was du gemacht hast. Wir loben dich.
A: Wir preisen dich.

L: Wir danken dir für das Leben, das wir empfangen haben, und für die Wunder der Liebe, die wir entdecken dürfen. Wir loben dich.
A: Wir preisen dich.
L: Wir danken dir für die Freude, die uns durch N. geschenkt wird, und für die Kraft, mit der wir für ⌊ihn / sie⌋ sorgen können. Wir loben dich.
A: Wir preisen dich.
L: Wir danken dir, dass du uns deine Nähe versprochen hast und dass du auch dieses Kind auf seinem Weg begleiten willst. Wir loben dich.
A: Wir preisen dich.

SEGENSGEBET

L: Gott, Schöpfer des Lebens, du hast diesen Eltern dieses Kind geschenkt. Sie kommen zu dir, um dir zu danken.
Wir bitten dich: Segne (+) ⌊N. / dieses Kind⌋ und seine Eltern. Gib, dass sie vor allem Bösen bewahrt bleiben. Lass dieses Kind unter dem Schutz seiner Eltern heranwachsen. Schenke dem Kind und seinen Eltern ein glückliches Leben und lass sie einst zu dir gelangen.
Darum bitten wir durch Christus, unseren Herrn.
A: Amen.

Segnung von Kindern

Eltern bitten gerne um den Segen Gottes für ihre Kinder, weil Kinder besonders hilfs- und schutzbedürftig sind. Die Kinder werden der Hand Gottes anvertraut. Jedes Mal, wenn Kinder am Abend vor dem Einschlafen, beim Verlassen des Hauses (vor dem Gang zur Schule), in besonderen Situationen und bei den großen Anlässen des Lebens gesegnet werden, wird darin die Taufzusage erneuert, dass sie ein Leben lang Christus angehören.

Nachfolgendes Formular kann verwendet werden, wenn Seelsorgerinnen oder Seelsorger bei einem Familienbesuch um eine Segnung der Kinder gebeten werden.

SCHRIFTLESUNG

Mk 10,13–16

V: Lesung aus dem heiligen Evangelium nach Markus.

In jener Zeit brachte man Kinder zu Jesus, damit er sie berühre. Die Jünger aber wiesen die Leute zurecht. Als Jesus das sah, wurde er unwillig und sagte zu ihnen: Lasst die Kinder zu mir kommen; hindert sie nicht daran! Denn solchen wie ihnen gehört das Reich Gottes. Amen, ich sage euch: Wer das Reich Gottes nicht so annimmt wie ein Kind, der wird nicht hineinkommen. Und er nahm die Kinder in seine Arme; dann legte er ihnen die Hände auf und segnete sie.

ANRUFUNGEN

L: Preiset den Herrn, denn er ist gut.
A: Danket dem Herrn, denn er ist gut.
L: Er ist das Licht auf unserm Weg.
A: Danket dem Herrn, denn er ist gut.

SEGENSGEBET

L: Herr Jesus Christus, du hast gesagt: Lasst die Kinder zu mir kommen! Denn Menschen wie ihnen gehört das Himmelreich. Du hast den Kindern die Hände aufgelegt und sie gesegnet.
Segne auch N. (und N.). In der Taufe hast du ⌊ihn / sie⌋ beim Namen gerufen und ⌊ihn / sie⌋ als ⌊dein Kind / deine Kinder⌋ angenommen.
Deine heiligen Engel mögen ⌊ihn / sie⌋ geleiten und vor jedem Unfall bewahren.
Lass ⌊ihn / sie⌋ in ihrer Familie geborgen sein und ⌊zu einem reifen / zu reifen⌋ Menschen und Christen heranwachsen.
Der Segen des allmächtigen Gottes, des Vaters und des Sohnes (+) und des Heiligen Geistes komme auf ⌊dich / euch⌋ herab und bleibe bei ⌊dir / euch⌋ allezeit.
A: Amen.

Die Kinder sollen angeleitet werden, selbst Weihwasser zu nehmen und sich selbst zu segnen mit den Worten:

Im Namen des Vaters und des Sohnes
und des Heiligen Geistes. Amen.

Segnung Jugendlicher vor besonderen Lebensabschnitten

Der Beginn des Berufslebens, der Weggang aus dem Elternhaus oder der Beginn eines längeren Auslandsaufenthaltes oder eines Studiums sind mit Hoffnungen, aber auch mit Unsicherheiten verbunden. Das kann ein Anlass sein, um Gottes Schutz und Segen zu bitten.

SCHRIFTLESUNG

A Gen 28,10–16

V: **Lesung aus dem Buch Genesis.**
In jenen Tagen zog Jakob aus Beërschéba weg und ging nach Haran. Er kam an einen bestimmten Ort und übernachtete dort, denn die Sonne war untergegangen. Er nahm einen von den Steinen dieses Ortes, legte ihn unter seinen Kopf und schlief dort ein. Da hatte er einen Traum: Siehe, eine Treppe stand auf der Erde, ihre Spitze reichte bis zum Himmel. Und siehe: Auf ihr stiegen Engel Gottes auf und nieder. Und siehe, der HERR stand vor ihm und sprach: Ich bin der HERR, der Gott deines Vaters Abraham und der Gott Ísaaks. Das Land, auf dem du liegst, will ich dir und deinen Nachkommen geben. Deine Nachkommen werden zahlreich sein wie der Staub auf der Erde. Du wirst dich nach Westen und Osten, nach Norden und Süden ausbreiten und durch dich und deine Nachkommen werden alle Sippen der Erde Segen erlangen. Siehe, ich bin mit dir, ich behüte dich, wohin du auch gehst, und bringe dich zurück in dieses Land. Denn ich verlasse dich nicht, bis ich vollbringe, was ich dir versprochen habe. Jakob erwachte aus seinem Schlaf und sagte: Wirklich, der HERR ist an diesem Ort und ich wusste es nicht.

B Tob 4,19ab

V: Lesung aus dem Buch Tobit.
Zu jeder Zeit preise Gott und bitte ihn, dass deine Wege gerade seien und deine Pfade zum Erfolg führen! Denn kein einziges Volk besitzt guten Rat, sondern der Herr wird ihnen guten Rat geben.

ANRUFUNGEN

L: Preiset den Herrn, denn er ist gut.
A: Danket dem Herrn, denn er ist gut.

L: Er segnet uns in seinem Sohn (Geist).
A: Danket dem Herrn, denn er ist gut.

SEGENSGEBET

L: Herr, unser Gott, Vater unseres Herrn Jesus Christus. N. steht am Beginn eines neuen Lebensabschnitts (beginnt ⌊sein / ihr⌋ Studium / ⌊seine / ihre⌋ Ausbildung / Tätigkeit im Beruf ...) und ist voll von großen Erwartungen. ⌊Er / Sie⌋ weiß aber auch, dass ⌊er / sie⌋ auf deinen Beistand angewiesen ist. Wir vertrauen uns dir an und bitten dich: Lass ⌊ihn / sie⌋ ⌊seinen / ihren⌋ Weg finden. Bewahre ⌊ihn / sie⌋ vor dem Bösen und stärke ⌊ihn / sie⌋ mit deiner Kraft. Erneuere in ⌊ihm / ihr⌋ deine Liebe und schenke ⌊ihm / ihr⌋ Halt in der Gemeinschaft deiner Kirche.

L bezeichnet die Stirn des/der Jugendlichen mit dem Kreuzzeichen und spricht:

L: Es schütze und führe dich der allmächtige Gott, der Vater und der Sohn + und der Heilige Geist.
A: Amen.

Segnung zur Silbernen Hochzeit

Findet die Segnung anlässlich einer Silbernen Hochzeit nicht innerhalb einer Messfeier statt, so kann diese auch im Rahmen eines eigenständigen Wortgottesdienstes gefeiert werden.

EINFÜHRUNG

L: Vor fünfundzwanzig Jahren haben Sie versprochen, einander zu lieben, zu achten und zu ehren, in guten und in bösen Tagen, in Gesundheit und Krankheit, alle Tage Ihres Lebens. Wir wollen Ihre Zukunft unter den Segen Gottes stellen.

SCHRIFTLESUNG

Es folgt eine Schriftlesung. Weitere Lesungen siehe S. 194, Bei der Trauung (Lektionar VII) und Zur Danksagung (Lektionar VIII).

Spr 3,3–6

V: Lesung aus dem Buch der Sprichwörter.
Nie sollen Liebe und Treue dich verlassen; binde sie dir um den Hals, schreib sie auf die Tafel deines Herzens! Dann erlangst du Gunst und Beifall bei Gott und den Menschen. Mit ganzem Herzen vertrau auf den Herrn, bau nicht auf eigene Klugheit; such ihn zu erkennen auf all deinen Wegen, dann ebnet er selbst deine Pfade!

ANRUFUNGEN

L: Preiset den Herrn, denn er ist gut.
A: Danket dem Herrn, denn er ist gut.

L: Er segnet uns in seinem Sohn (Geist).
A: Danket dem Herrn, denn er ist gut.

SEGENSGEBET

L: Reichen Sie einander jetzt wie vor fünfundzwanzig Jahren die Hand.

Wenn ein Priester oder Diakon die Feier leitet, umwindet dieser die ineinandergelegten Hände des Jubelpaares mit der Stola. Er legt seine rechte Hand darüber und spricht:

L: Herr und Gott, Schöpfer der Welt, du hast den Menschen als Mann und Frau erschaffen.
Wir danken dir, dass dieses Paar (heute) fünfundzwanzig Jahre im Sakrament der Ehe verbunden ist, und bitten dich:
Segne (+) diese Eheleute. Stärke ihren Glauben, festige sie in der Hoffnung und lass sie in der Liebe wachsen, damit sie eine gute Ehe führen und (⌊ihrem Kind/ihren Kindern⌋) das Beispiel eines christlichen Lebens geben. Herr, lass sie in der Gemeinschaft deiner Kirche mit dir verbunden bleiben, alle Tage ihres Lebens deinen Namen preisen und der Welt Zeugnis von dir geben. Gewähre ihnen ein hohes Alter und schenke ihnen nach diesem Leben die Vollendung in deiner Herrlichkeit.
Darum bitten wir durch Christus, unseren Herrn.
A: Amen.

FÜRBITTEN

L: Gott, unser Vater. Von dir kommt jede Liebe, in dir hat jede Gemeinschaft ihren Bestand. Höre unser Bitten:
V: Erneuere in den beiden, die heute wie einst am Tage ihrer Hochzeit zu deinem Altar gekommen sind, die Gnade des Ehesakramentes. – Stille –

V: Gott, unser Vater.
A: Wir bitten dich, erhöre uns.

V: Gib ihnen täglich neue Liebe und Treue, Geduld und Güte. – Stille – V/A

V: Sei ihnen Halt in guten und in bösen Tagen und schenke ihnen miteinander
noch eine lange gesegnete Zeit. – Stille – V/A
V: Segne (ihre Kinder und Enkel und) alle ihre Verwandten und Freunde. – Stille – V/A
V: Sei in unserer Gemeinde einem jeden nahe, den Einsamen in ihrer Einsamkeit und den Familien in ihrer Gemeinschaft. – Stille – V/A
V: Gib allen unseren lieben Verstorbenen ewige Heimat bei dir. – Stille – V/A

L: So rufen wir voll Vertrauen zu dir im Namen Jesu, deines Sohnes. Durch ihn sei dir in der Gemeinschaft der Gläubigen Lob und Ehre in Ewigkeit.
A: Amen.

Segnung zur Goldenen Hochzeit

Findet die Segnung anlässlich einer Goldenen Hochzeit nicht innerhalb einer Messfeier statt, so kann diese auch im Rahmen eines eigenständigen Wortgottesdienstes gefeiert werden. Dieses Formular wird mit entsprechenden Änderungen auch bei jedem weiteren Ehejubiläum verwendet.

EINFÜHRUNG

L: **Vor fünfzig Jahren haben Sie sich am Traualtar für Ihr ganzes Leben Liebe und Treue versprochen. Wir wollen um den Segen Gottes bitten, damit Sie in ihm geborgen bleiben bis ans Ende ihres Lebens.**

SCHRIFTLESUNG

Es folgt eine Schriftlesung. Weitere Lesungen siehe S. 191, Bei der Trauung (Lektionar VII) und Zur Danksagung (Lektionar VIII).

Joh 15,9–12

V: **Lesung aus dem heiligen Evangelium nach Johannes.**
In jener Zeit sprach Jesus zu seinen Jüngern: Wie mich der Vater geliebt hat, so habe auch ich euch geliebt. Bleibt in meiner Liebe! Wenn ihr meine Gebote haltet, werdet ihr in meiner Liebe bleiben, so wie ich die Gebote meines Vaters gehalten habe und in seiner Liebe bleibe. Dies habe ich euch gesagt, damit meine Freude in euch ist und damit eure Freude vollkommen wird. Das ist mein Gebot, dass ihr einander liebt, so wie ich euch geliebt habe.

ANRUFUNGEN

L: Preiset den Herrn, denn er ist gut.
A: Danket dem Herrn, denn er ist gut.

L: Er segnet uns in seinem Sohn (Geist).
A: Danket dem Herrn, denn er ist gut.

SEGENSGEBET

L: Reichen Sie sich in Dankbarkeit vor Gott die Hand, wie Sie es vor fünfzig Jahren getan haben, als Sie sich das Sakrament der Ehe spendeten.

Wenn ein Priester oder Diakon die Feier leitet, umwindet dieser die ineinandergelegten Hände des Jubelpaares mit der Stola. Er legt seine rechte Hand darüber und spricht:

L: Herr und Gott, wir preisen deinen Namen, denn du hast dieses Ehepaar in guten und in bösen Tagen mit deinem Schutz begleitet.
Schenke ihm die Fülle deines Heils.
Segne (+) dieses Jubelpaar,
das (mit seinen Kindern, Enkeln und Verwandten) gekommen ist, um dir Dank zu sagen. Wir bitten um die Gnade, dass diese Ehegatten dich in frohen Tagen loben, in der Trauer bei dir Trost finden und in der Not deine Hilfe erfahren. Gewähre ihnen ein hohes Alter in Gesundheit, schenke ihnen Weisheit des Herzens und Stärke des Glaubens. Gib ihnen einst (mit ihren Kindern und Enkelkindern) die Vollendung in deiner Herrlichkeit.
Darum bitten wir durch Christus, unseren Herrn.
A: Amen.

FÜRBITTEN

L: Gott, unser Vater. Von dir kommt jede Liebe, in dir hat jede Gemeinschaft ihren Bestand. Höre unser Bitten:

V: Erneuere in den beiden, die heute wie einst am Tage ihrer Hochzeit zu deinem Altar gekommen sind, die Gnade des Ehesakramentes. – Stille –

V: Gott, unser Vater.
A: Wir bitten dich, erhöre uns.

V: Gib ihnen täglich neue Liebe und Treue, Geduld und Güte. – Stille – V/A
V: Sei ihnen Halt in guten und in bösen Tagen und schenke ihnen miteinander
noch eine lange gesegnete Zeit. – Stille – V/A
V: Segne (ihre Kinder und Enkel und) alle ihre Verwandten und Freunde. – Stille – V/A
V: Sei in unserer Gemeinde einem jeden nahe, den Einsamen in ihrer Einsamkeit und den Familien in ihrer Gemeinschaft. – Stille – V/A
V: Gib allen unseren lieben Verstorbenen ewige Heimat bei dir. – Stille – V/A

L: So rufen wir voll Vertrauen zu dir im Namen Jesu, deines Sohnes. Durch ihn sei dir in der Gemeinschaft der Gläubigen Lob und Ehre in Ewigkeit.
A: Amen.

Segnung älterer Menschen

Auch die Zeit des Alters ist ein Geschenk Gottes. Die christliche Verkündigung soll dem Menschen zu einem erfüllten Alter, aber auch zur Vorbereitung auf ein christliches Sterben helfen. „Unsere Tage zu zählen, lehre uns. Dann gewinnen wir ein weises Herz“ (Ps 90,12).

KYRIE-RUFE

V: **Herr Jesus Christus, Heiland der Welt, du bist für uns Mensch geworden. Herr, erbarme dich.**
A: **Herr, erbarme dich.**

V: **Dich haben der greise Simeon und die Prophetin Hanna gepriesen. Christus, erbarme dich.**
A: **Christus, erbarme dich.**

V: **Du vollendest das gute Werk, das du in uns begonnen hast. Herr, erbarme dich.**
A: **Herr, erbarme dich.**

ERÖFFNUNGSGEBET

L: **Lasst uns beten.**
Barmherziger Vater, du bist das ewige Heil aller Gläubigen. Erhöre unser Gebet für unsere Schwestern und Brüder, die du mit einem langen Leben beschenkt hast. Lass sie deine Nähe erfahren, denn du bist ihr guter Vater, dem sie vertrauen. Darum bitten wir durch Christus, unseren Herrn.
A: **Amen.**

SCHRIFTLESUNG

Lk 2,25–32.36–38

V: Lesung aus dem heiligen Evangelium nach Lukas.

In Jerusalem lebte ein Mann namens Símeon. Dieser Mann war gerecht und fromm und wartete auf den Trost Israels und der Heilige Geist ruhte auf ihm. Vom Heiligen Geist war ihm offenbart worden, er werde den Tod nicht schauen, ehe er den Christus des Herrn gesehen habe. Er wurde vom Geist in den Tempel geführt; und als die Eltern das Kind Jesus hereinbrachten, um mit ihm zu tun, was nach dem Gesetz üblich war, nahm Símeon das Kind in seine Arme und pries Gott mit den Worten: Nun lässt du, Herr, deinen Knecht, wie du gesagt hast, in Frieden scheiden. Denn meine Augen haben das Heil gesehen, das du vor allen Völkern bereitet hast, ein Licht, das die Heiden erleuchtet, und Herrlichkeit für dein Volk Israel. Damals lebte auch Hanna, eine Prophetin, eine Tochter Pénuëls, aus dem Stamm Ascher. Sie war schon hochbetagt. Als junges Mädchen hatte sie geheiratet und sieben Jahre mit ihrem Mann gelebt; nun war sie eine Witwe von vierundachtzig Jahren. Sie hielt sich ständig im Tempel auf und diente Gott Tag und Nacht mit Fasten und Beten. Zu derselben Stunde trat sie hinzu, pries Gott und sprach über das Kind zu allen, die auf die Erlösung Jerusalems warteten.

ANRUFUNGEN

L: Der Name des Herrn sei gepriesen.
A: Von nun an bis in Ewigkeit.

SEGENSGEBET

A Für eine Person:

L: Herr, unser Gott, du hast N. ein langes Leben geschenkt. Du weißt, was ⌊er / sie⌋ an Gutem und Schwerem erlebt hat. Du kennst ⌊seine / ihre⌋ Freude und ⌊sein / ihr⌋ Leid. Wir danken dir für die Kraft des Glaubens und der Hoffnung, die du ⌊ihm / ihr⌋ schenkst.
Segne (+) N., Herr, und schenke ⌊ihm / ihr⌋ noch durch viele Jahre Freude am Leben. Hilf ⌊ihm / ihr⌋, dass ⌊er / sie⌋ all ⌊seine / ihre⌋ Hoffnung auf dich setzen, die Mühen und Gebrechen des Alters in Geduld ertragen und in jedem Tag ein Geschenk deiner Liebe sehen kann, bis alles Suchen und Sehnen sich bei dir erfüllt. Darum bitten wir durch Christus, unseren Herrn.
A: Amen.

B Für mehrere Personen:

L: Herr, unser Gott, du hast diesen Gläubigen ein langes Leben geschenkt. Du weißt, was sie an Gutem und Schwerem erlebt haben. Du kennst ihre Freude und ihr Leid. Wir danken dir für die Kraft des Glaubens und der Hoffnung, die du ihnen schenkst.
Segne (+) sie, Herr, und schenke ihnen noch durch viele Jahre Freude am Leben. Hilf ihnen, dass sie all ihre Hoffnung auf dich setzen, die Mühen und Gebrechen des Alters in Geduld ertragen und in jedem Tag ein Geschenk deiner Liebe sehen können, bis alles Suchen und Sehnen sich bei dir erfüllt.
Darum bitten wir durch Christus, unseren Herrn.
A: Amen.

FÜRBITTEN UND GEBET DES HERRN

L: Lasst uns in unseren Anliegen
zum Herrn rufen:

V: Herr Jesus Christus, lass das Leben unserer Schwestern und Brüder in deiner Liebe geborgen sein. – Stille –

V: Christus, höre uns.
A: Christus, erhöre uns.

V: Schenke ihnen Geduld und lass sie die Mühsal des Alters aus Liebe zu dir ertragen. – Stille – V/A
V: Lass sie immer wieder erfahren, dass du gut bist, und lass sie die Ernte ihres Lebens sehen. – Stille – V/A
V: Gib, dass ihnen Menschen zur Seite stehen, wenn sie der Hilfe bedürfen. – Stille – V/A

L: Alles, was uns bedrückt und ängstigt, wollen wir nun in die Hand Gottes legen mit den Worten, die Christus uns gelehrt hat:
A: Vater unser … (siehe S. 241)

Pilgersegen

Die Kirche ist das pilgernde Gottesvolk, darum ist jede Wallfahrt und Pilgerreise ein Zeichen unseres Lebens in der Gemeinschaft der Kirche. Im Pilgersegen bitten wir Gott um Schutz und Geleit.

SCHRIFTLESUNG

Ex 23,20–23a
V: Lesung aus dem Buch Éxodus.
So spricht Gott, der Herr: Ich werde einen Engel schicken, der dir vorausgeht. Er soll dich auf dem Weg schützen und dich an den Ort bringen, den ich bestimmt habe. Achte auf ihn und hör auf seine Stimme! Widersetz dich ihm nicht! Er würde es nicht ertragen, wenn ihr euch auflehnt; denn in ihm ist mein Name gegenwärtig. Wenn du auf seine Stimme hörst und alles tust, was ich sage, dann werde ich der Feind deiner Feinde sein und alle in die Enge treiben, die dich bedrängen. Denn mein Engel wird vor dir hergehen.

Weitere Lesungen:
Gen 12,1–3 (siehe S. 175)
Gen 28,10–16 (siehe S. 189)
Ps 91,1–5.11–12 (siehe S. 231)

ANTWORTGESANG

Es kann Psalm 122 (GL 68,1 / KG 279,1) oder ein passendes Lied gewählt werden.

ANRUFUNGEN

L: Gott Vater, Ursprung und Ziel unseres Lebens.
A: Erbarme dich unser.

L: Gott Sohn, Weg, Wahrheit und Leben.
A: Erbarme dich unser.

L: Gott, Heiliger Geist, Licht auf unseren Wegen.
A: Erbarme dich unser.

L: Heilige Maria.
A: Bitte für uns.

L: Heiliger Erzengel Michael.
A: Bitte für uns.

Es können weitere Engel und Heilige um Fürsprache gebeten werden, die zu der Wallfahrt in Beziehung stehen.

SEGENSGEBET

Wenn L nicht an der Wallfahrt teilnimmt, werden die Formulierungen an die Situation angepasst (Geleite auch deine hier versammelten Gläubigen auf ihrer Wallfahrt ..., vgl. Benediktionale).

Wenn L selbst an der Wallfahrt teilnimmt:

L: Gott, du hast deinen Knecht Abraham auf allen Wegen unversehrt behütet. Du hast die Söhne Israels auf trockenem Pfad mitten durch das Meer geführt. Durch den Stern hast du den Weisen aus dem Morgenland den Weg zu Christus gezeigt. Geleite auch uns auf unserer Wallfahrt (Pilgerfahrt) nach N. Lass uns deine Gegenwart erfahren, mehre unseren Glauben, stärke unsere Hoffnung und erneuere unsere Liebe. Schütze uns vor allen Gefahren und bewahre uns vor jedem Unfall. Führe uns glücklich ans Ziel unserer Fahrt und lass uns wieder unversehrt nach Hause zurückkehren. Gewähre uns schließlich, dass wir sicher das Ziel unserer irdischen Pilgerfahrt erreichen und das ewige Heil erlangen.
Darum bitten wir durch Christus, unseren Herrn.
A: Amen.

FÜRBITTEN

L: Wir beten zu Gott, der uns auf allen Wegen des Lebens nahe ist.
V: Himmlischer Vater, geleite uns auf unserer Pilgerfahrt nach N., damit wir das Ziel glücklich erreichen und gesund heimkehren. – Stille –

V: Gott, unser Vater.
A: Wir bitten dich, erhöre uns.

V: Lass uns auf dieser Wallfahrt dir näherkommen. – Stille – V/A
V: Gib, dass wir unterwegs Menschen kennenlernen, die geschwisterlich mit uns verbunden sind. – Stille – V/A
V: Steh allen bei, die in diesen Tagen unterwegs sind. – Stille – V/A
V: Gewähre deinen Schutz denen, die daheim bleiben. – Stille – V/A

Reisesegen für Urlauber

Es kann Gelegenheiten geben, bei denen ein kirchlicher Segen zu Beginn eines Urlaubs erbeten wird oder angemessen erscheint.

Der Reisesegen kann bewusst machen, dass der Urlaub eine Gabe Gottes ist, dass wir seinen Segen immer brauchen und dass Gott uns in den Zeiten der Ruhe besonders nahe ist.

SCHRIFTLESUNG

Mk 6,30–32

V: **Lesung aus dem heiligen Evangelium nach Markus.**
In jener Zeit versammelten sich die Apostel, die Jesus ausgesandt hatte, wieder bei ihm und berichteten ihm alles, was sie getan und gelehrt hatten. Da sagte er zu ihnen: Kommt mit an einen einsamen Ort, wo wir allein sind, und ruht ein wenig aus! Denn sie fanden nicht einmal Zeit zum Essen, so zahlreich waren die Leute, die kamen und gingen. Sie fuhren also mit dem Boot in eine einsame Gegend, um allein zu sein.

ANTWORTGESANG

Es kann Psalm 91 (GL 664,5 / KG 287,1) oder ein passendes Lied gewählt werden.

ANRUFUNGEN

L: Gott Vater, Ursprung und Ziel unseres Lebens.
A: Erbarme dich unser.

L: Gott Sohn, Weg, Wahrheit und Leben.
A: Erbarme dich unser.

L: Gott, Heiliger Geist, Licht auf unseren Wegen.
A: Erbarme dich unser.

L: Heilige Maria.
A: Bitte für uns.

L: Heiliger Erzengel Rafael.
A: Bitte für uns.

L: Heilige Schutzengel.
A: Bittet für uns.

L: Heiliger Christophorus.
A: Bitte für uns.

Es können auch Diözesan-, Orts- und Namenspatrone um Fürsprache gebeten werden.

SEGENSGEBET

Wenn L nicht an der Reise teilnimmt, werden die Formulierungen an die Situation angepasst (... schenkst du den hier Versammelten Freude ..., vgl. Benediktionale).

Wenn L selbst an der Reise teilnimmt:

L: Herr, in diesen Tagen schenkst du uns Freude: Wir sind frei von den Belastungen des Alltags und der Arbeit. So können wir die Schönheit deiner Schöpfung erfahren und neue Kraft für den Alltag sammeln. Gewähre, dass wir die Zeit nutzen und durch unsere Erlebnisse und Begegnungen bereichert werden. Schütze uns vor allen Gefahren des Leibes und der Seele und lass uns gesund und froh heimkehren.
Darum bitten wir durch Christus, unseren Herrn.
A: Amen.

FÜRBITTEN

L: Wir beten zu Gott, der uns auf allen Wegen des Lebens nahe ist.
V: Himmlischer Vater, schütze uns auf unserer Reise, damit wir das Ziel erreichen und gesund heimkehren. – Stille –

V: Gott, unser Vater.
A: Wir bitten dich, erhöre uns.

V: Lass uns in diesem Urlaub dir näherkommen. – Stille – V/A
V: Gib, dass wir unterwegs Menschen kennenlernen, die geschwisterlich mit uns verbunden sind. – Stille – V/A
V: Gib, dass wir uns gut erholen und für unsere Aufgaben gestärkt werden. – Stille – V/A
V: Steh allen bei, die in diesen Tagen unterwegs sind. – Stille – V/A
V: Gewähre deinen Schutz denen, die daheim bleiben. – Stille – V/A

Segnung des Weihwassers

Das Weihwasser weist hin auf Leben und Reinigung und erinnert uns vor allem an die Taufe, in der wir aus dem Wasser und dem Heiligen Geist geboren wurden. Christen bezeichnen sich damit, um sich dankbar an dieses große Geschenk zu erinnern.

Aufgrund der Symbolhaftigkeit und der Bedeutung des Weihwassers soll die Segnung des Weihwassers im Rahmen des sonntäglichen Taufgedächtnisses unter Beteiligung der Gemeinde geschehen. Steht bei einer liturgischen Feier, bei der die Verwendung von Weihwasser vorgesehen ist, kein Weihwasser zur Verfügung, so kann Wasser auch im Kontext einer Segensfeier gesegnet werden. Dabei wird nachfolgender Ritus verwendet:

A L: **Gott, du Quelle des Lebens. Du schenkst uns dein Heil in sichtbaren Zeichen. Du, Herr, segnest dieses Wasser. Es sei uns ein Zeichen für das neue Leben, das du in der Taufe in uns gewirkt hast. Erneuere in uns die Gaben deines Geistes.**
Darum bitten wir durch Christus, unseren Herrn.
A: **Amen.**

B P/D: **Herr, allmächtiger Vater, höre auf das Gebet deines Volkes, das deiner großen Taten gedenkt: Wunderbar hast du uns erschaffen und noch wunderbarer erlöst. Du hast das Wasser geschaffen, damit es das dürre Land fruchtbar mache und unseren Leib reinige und erquicke. Du hast es in den Dienst deines Erbarmens gestellt: Durch das Rote Meer hast du dein Volk aus der Knechtschaft Ägyptens befreit und in der Wüste mit Wasser aus dem Felsen seinen Durst gestillt. Im Bild des lebendigen Wassers verkündeten die Propheten einen neuen Bund, den du mit den Menschen schließen wolltest. Durch Christus hast du im Jordan das Wasser geheiligt, damit durch das Wasser der Wiedergeburt sündige Menschen neu geschaffen werden.**

Segne, Herr, + dieses Wasser, damit es uns ein Zeichen sei für die Taufe, die wir empfangen haben.
Darum bitten wir durch Christus, unseren Herrn.
A: Amen.

Segnung eines Kreuzes

Das Kreuz ist für die Christen ein Zeichen besonderer Verehrung. Es erinnert an die Erlösungstat Christi und verheißt ewiges Heil.

SCHRIFTLESUNG

Gal 6,14–16

V: Lesung aus dem Brief des Apostels Paulus an die Gemeinde in Galátien.
Ich will mich allein des Kreuzes Jesu Christi, unseres Herrn, rühmen, durch das mir die Welt gekreuzigt ist und ich der Welt. Denn es kommt nicht darauf an, ob einer beschnitten oder unbeschnitten ist, sondern darauf, dass er neue Schöpfung ist. Friede und Erbarmen komme über alle, die diesem Grundsatz folgen, und über das Israel Gottes.

ANRUFUNGEN

L: Wir beten dich an, Herr Jesus Christus,
und preisen dich.
A: Denn durch dein heiliges Kreuz
hast du die Welt erlöst.

SEGENSGEBET

L: Herr, unser Gott, dein geliebter Sohn ist am Kreuz gestorben, um alle Menschen zu erlösen. Wir bitten dich: Segne (+) dieses Kreuz. Stärke unseren Glauben, damit wir in der Torheit des Kreuzes deine Macht und Weisheit erkennen und in Ewigkeit teilhaben an der Frucht des Todes und der Auferstehung deines Sohnes, unseres Herrn

Jesus Christus, der in der Einheit des Heiligen Geistes mit dir lebt und herrscht in alle Ewigkeit.
A: Amen.

L kann ggf. das Kreuz mit Weihwasser besprengen oder es inzensieren.

FÜRBITTEN UND GEBET DES HERRN

L: Lasst uns beten zu unserem Herrn Jesus Christus, der uns durch sein heiliges Kreuz erlöst hat:
V: Wende dich allen Menschen gütig zu, damit sie erkennen, dass du allein das Heil der Welt bist. – Stille –

V: Herr Jesus Christus, wir rufen dich an und preisen dich.
A: Denn durch dein heiliges Kreuz hast du die Welt erlöst.

V: Gib, dass alle Menschen einander als Schwestern und Brüder annehmen. – Stille – V/A
V: Rette alle, die uns im Zeichen des Kreuzes gläubig vorangegangen sind. – Stille – V/A

Weitere Fürbitten sollen im Hinblick auf die konkrete Situation formuliert werden.

A: Vater unser ... (siehe S. 241)

L: Himmlischer Vater, wir verehren das Kreuz deines Sohnes Jesus Christus und preisen seine Auferstehung, denn durch das Kreuz kam Freude in alle Welt. Im Kreuz ist uns Heil geworden durch ihn, Jesus Christus, unseren Herrn.
A: Amen.

Segnung eines Christusbildes

Die Bilder Christi erinnern uns an die Nähe Christi und an sein Heilswerk. Es ist sinnvoll, eine dem Inhalt des Bildes entsprechende Lesung auszuwählen.

SCHRIFTLESUNG

Kol 1,15–20

V: Lesung aus dem Brief des Apostels Paulus an die Gemeinde in Kolóssä.
Christus ist Bild des unsichtbaren Gottes, der Erstgeborene der ganzen Schöpfung. Denn in ihm wurde alles erschaffen im Himmel und auf Erden, das Sichtbare und das Unsichtbare, Throne und Herrschaften, Mächte und Gewalten; alles ist durch ihn und auf ihn hin erschaffen. Er ist vor aller Schöpfung und in ihm hat alles Bestand. Er ist das Haupt, der Leib aber ist die Kirche. Er ist der Ursprung, der Erstgeborene der Toten; so hat er in allem den Vorrang. Denn Gott wollte mit seiner ganzen Fülle in ihm wohnen, um durch ihn alles auf ihn hin zu versöhnen. Alles im Himmel und auf Erden wollte er zu Christus führen, der Frieden gestiftet hat am Kreuz durch sein Blut.

ANRUFUNGEN

L: Der Name des Herrn sei gepriesen.
A: Von nun an bis in Ewigkeit.

SEGENSGEBET

L: Herr, unser Gott, niemand hat dich je geschaut. Dein Sohn aber hat uns Kunde von dir gebracht. Er ist dein Ebenbild, der Abglanz deiner Herrlichkeit und das Abbild deines Wesens.
Wir bitten dich, segne (+) dieses Bild. Gib, dass wir Christus immer vor Augen haben, seinem

Beispiel folgen und ihm ähnlicher werden, bis wir ihn von Angesicht zu Angesicht schauen dürfen, der mit dir lebt und herrscht in alle Ewigkeit.
A: Amen.

L kann ggf. das Bild mit Weihwasser besprengen oder inzensieren.

FÜRBITTEN UND GEBET DES HERRN

L: Lasst uns beten zum Vater unseres Herrn Jesus Christus:
V: Herr und Gott, lass alle Menschen im Bild deines Sohnes Jesus Christus deine Liebe und Güte erkennen. – Stille –

V: Gott, unser Vater.
A: Wir bitten dich, erhöre uns.

V: Zeige uns, dass wir alle Christi Schwestern und Brüder sind. – Stille – V/A
V: Schenke der Welt den Frieden, den uns Christus verheißen hat. – Stille – V/A

Weitere Fürbitten sollen im Hinblick auf die konkrete Situation formuliert werden.

A: Vater unser ... (siehe S. 241)

Segnung eines Marienbildes

Das Bild Mariens erinnert uns an Maria, die Mutter Jesu. Wir verehren sie auch als Mutter der Kirche und bitten sie um Fürsprache bei Gott. Es ist sinnvoll, eine dem Inhalt des Bildes entsprechende Lesung auszuwählen.

SCHRIFTLESUNG

Lk 1,42–48

V: Lesung aus dem heiligen Evangelium nach Lukas.
Elisabet rief mit lauter Stimme: Gesegnet bist du unter den Frauen und gesegnet ist die Frucht deines Leibes. Wer bin ich, dass die Mutter meines Herrn zu mir kommt? Denn siehe, in dem Augenblick, als ich deinen Gruß hörte, hüpfte das Kind vor Freude in meinem Leib. Und selig, die geglaubt hat, dass sich erfüllt, was der Herr ihr sagen ließ.
Da sagte Maria: Meine Seele preist die Größe des Herrn und mein Geist jubelt über Gott, meinen Retter. Denn auf die Niedrigkeit seiner Magd hat er geschaut. Siehe, von nun an preisen mich selig alle Geschlechter.

ANRUFUNGEN

L: Der Name des Herrn sei gepriesen.
A: Von nun an bis in Ewigkeit.

SEGENSGEBET

L: Allmächtiger Gott, wir preisen dich, denn Großes hast du an Maria getan. In ihr schauen wir, wie reich du auch uns in deinem Erbarmen beschenkt hast.
Segne (+) dieses Bild, das uns daran erinnert, dass Maria, die Mutter Christi, auch unsere Mutter ist, die wir in jeder Not anrufen dürfen.

Gib, dass wir wie Maria deinem Sohn nachfolgen und zur ewigen Gemeinschaft mit ihm gelangen.
Darum bitten wir durch ihn,
Christus, unseren Herrn.
A: Amen.

L kann ggf. das Bild mit Weihwasser besprengen oder inzensieren.

FÜRBITTEN UND GEBET DES HERRN

L: Voll Vertrauen rufen wir zu unserem Herrn Jesus Christus:
V: Christus, Sohn des himmlischen Vaters, deine Mutter Maria sei auch uns eine gütige Mutter und eine treue Beschützerin. – Stille –

V: Christus, höre uns.
A: Christus, erhöre uns.

V: Tröste alle Menschen,
die bedrückt sind. – Stille – V/A
V: Lass unsere Verstorbenen teilhaben an der Herrlichkeit, in die Maria bereits aufgenommen wurde. – Stille – V/A

Weitere Fürbitten sollen im Hinblick auf die konkrete Situation formuliert werden.

L: Nach dem Zeugnis des Evangeliums hat Maria in einem Lobgesang die Großtaten Gottes besungen. Auch unser Gebet sei ein Lobpreis auf den Vater im Himmel:
A: Vater unser ... (siehe S. 241)

Die Segnung wird mit einem Marienlied oder mit einem Mariengebet (etwa dem Gegrüßet seist du, Maria) beschlossen.

Segnung eines Heiligenbildes

Heiligenbilder erinnern uns an jene Frauen und Männer, die auf ihrem Lebensweg Christus nachgefolgt sind und nun bei ihm die Vollendung ihres Lebens erlangt haben. Sie sind unsere Fürsprecherinnen und Fürsprecher bei Gott und können uns Vorbild für unser Leben sein. Es ist sinnvoll, eine dem Inhalt des Bildes entsprechende Lesung auszuwählen.

SCHRIFTLESUNG

Offb 7,4.9–10

V: **Lesung aus der Offenbarung des Johannes.**
Ich erfuhr die Zahl derer, die mit dem Siegel gekennzeichnet waren. Es waren hundertvierundvierzigtausend aus allen Stämmen der Söhne Israels, die das Siegel trugen. Danach sah ich und siehe, eine große Schar aus allen Nationen und Stämmen, Völkern und Sprachen; niemand konnte sie zählen. Sie standen vor dem Thron und vor dem Lamm, gekleidet in weiße Gewänder, und trugen Palmzweige in den Händen. Sie riefen mit lauter Stimme und sprachen: Die Rettung kommt von unserem Gott, der auf dem Thron sitzt, und von dem Lamm.

ANRUFUNGEN

L: Der Name des Herrn sei gepriesen.
A: Von nun an bis in Ewigkeit.

SEGENSGEBET

L: Allmächtiger, ewiger Gott, wir preisen dich in deinen Heiligen. Ihr Leben ist uns ein Vorbild, ihre Fürbitte erwirkt uns Hilfe, in ihrer Gemeinschaft erwarten wir das Erbe der Kinder Gottes.
Segne (+) dieses Bild / diese Statue des / der heiligen N. Gib, dass wir ihn / sie nicht nur vor

diesem Bild anrufen, sondern ⌊ihn / sie⌋ auch nachahmen und so treue Zeugen deiner Wahrheit und Liebe werden. Blicke auf ⌊sein / ihr⌋ heiliges Leben und Sterben und gewähre uns auf ⌊seine / ihre⌋ Fürsprache Hilfe und Schutz.
Darum bitten wir durch Christus, unseren Herrn.
A: Amen.

L kann ggf. das Bild mit Weihwasser besprengen oder inzensieren.

FÜRBITTEN UND GEBET DES HERRN

L: Wir beten zu Gott, der uns in den Heiligen leuchtende Zeichen seiner Liebe geschenkt hat:
V: Vater im Himmel, stärke durch das Vorbild der Heiligen unseren Glauben an deine Verheißungen. – Stille –

V: Gott, unser Vater.
A: Wir bitten dich, erhöre uns.

V: Behüte uns und alle Menschen vor der Macht des Bösen. – Stille – V/A
V: Gib auch in unserer Zeit den Menschen Mut, deinem Sohn Jesus Christus nachzufolgen. – Stille – V/A

Weitere Fürbitten sollen im Hinblick auf die konkrete Situation formuliert werden.

A: Vater unser ... (siehe S. 241)

L: Herr und Gott, erhöre unser Gebet und lass uns erfahren, dass deine Heiligen uns nahe sind und für uns eintreten.
Darum bitten wir durch Christus, unseren Herrn.
A: Amen.

Segnung einer Christophorus-Plakette

SCHRIFTLESUNG

Die Auswahl der Lesung wird vom Namen des Heiligen Christophorus bestimmt: Christusträger.

1 Kor 6,19–20

V: Lesung aus dem zweiten Brief des Apostels Paulus an die Gemeinde in Korínth.
Schwestern und Brüder! Wisst ihr nicht, dass euer Leib ein Tempel des Heiligen Geistes ist, der in euch wohnt und den ihr von Gott habt? Ihr gehört nicht euch selbst; denn um einen teuren Preis seid ihr erkauft worden. Verherrlicht also Gott in eurem Leib!

ANRUFUNGEN

L: Der Name des Herrn sei gepriesen.
A: Von nun an bis in Ewigkeit.

SEGENSGEBET

L: Allmächtiger Gott, wir danken dir, dass du deinen Sohn gesandt hast, um die Menschen aus dem Dunkel der Welt in das Licht der Verheißung zu führen.
Wir bitten dich: Segne (+) auf die Fürbitte des heiligen Christophorus diese Plakette.
Sie erinnere uns daran, dass auch wir Christusträger sind. Hilf uns, rücksichtsvoll, hilfsbereit und verantwortungsbewusst füreinander zu sein.
Lass uns gesund und sicher an das Ziel unserer Fahrten gelangen.
Das gewähre uns durch Christus, unseren Herrn.
A: Amen.

L besprengt die Plakette mit Weihwasser.

FÜRBITTEN UND GEBET DES HERRN

L: Im Vertrauen auf die Fürbitte des heiligen Christophorus rufen wir zu Christus, dem Sohn Gottes:
V: Herr Jesus Christus, schütze alle Menschen, die auf unseren Straßen unterwegs sind. – Stille –

V: Christus, höre uns.
A: Christus, erhöre uns.

V: Gib allen, die durch Verkehrsunfälle bleibenden Schaden an ihrer Gesundheit erlitten haben, Mut und Zuversicht. – Stille – V/A
V: Sei allen nahe, die sich bei Unfällen und Pannen im Straßenverkehr für andere Menschen einsetzen. – Stille – V/A
V: Erbarme dich aller, die durch den Straßenverkehr den Tod gefunden haben, und schenke ihnen die ewige Ruhe. – Stille – V/A

Weitere Fürbitten sollen im Hinblick auf die konkrete Situation formuliert werden.

A: Vater unser ... (siehe S. 241)

L: Herr und Gott, erhöre unser Gebet, sei uns allezeit nahe und schütze uns vor jeder Gefahr. Darum bitten wir durch Christus, unseren Herrn.
A: Amen.

Segnung eines Rosenkranzes

Der Rosenkranz ist ein biblisches Gebet, das die Geheimnisse der Menschwerdung und Erlösung betrachtet. Insofern ist Ziel und Mitte des Rosenkranzgebetes Jesus Christus. Die meditative litaneiartige Wiederholung des „Gegrüßet seist du, Maria“, hat seinen Höhepunkt im Lobpreis Christi. Die Geheimnisse des Lebens des Herrn werden mit den Augen und dem Herzen jener Frau geschaut, die dem Herrn am nächsten stand.

SCHRIFTLESUNG

Apg 1,12–14

V: **Lesung aus der Apostelgeschichte.**
Als Jesus in den Himmel aufgenommen worden war, kehrten die Apostel von dem Berg, der Ölberg genannt wird und nur einen Sabbatweg von Jerusalem entfernt ist, nach Jerusalem zurück. Als sie in die Stadt kamen, gingen sie in das Obergemach hinauf, wo sie nun ständig blieben: Petrus und Johannes, Jakobus und Andreas, Philippus und Thomas, Bartholomäus und Matthäus, Jakobus, der Sohn des Alphäus, und Simon, der Zelot, sowie Judas, der Sohn des Jakobus. Sie alle verharrten dort einmütig im Gebet, zusammen mit den Frauen und mit Maria, der Mutter Jesu, und mit seinen Brüdern.

ANRUFUNGEN

V: **Herr Jesus Christus, Heiland der Welt,**
du bist für uns Mensch geworden.
Herr, erbarme dich.
A: **Herr, erbarme dich.**

V: **Du bist für uns am Kreuz gestorben.**
Christus, erbarme dich.
A: **Christus, erbarme dich.**

V: Du bist für uns vom Tod auferstanden.
Herr, erbarme dich.
A: Herr, erbarme dich.

SEGENSGEBET

L: Herr Jesus Christus, wir glauben und bekennen, dass du aus Maria, der Jungfrau, Mensch geworden bist, wie es der Engel verkündet hat. Wir bitten dich: Segne (+) diesen Rosenkranz und alle, die mit Maria der Geheimnisse deines Lebens, deines Leidens und deiner Verherrlichung gedenken. Schenke ihnen die Gnade, immer mehr die Tiefe des Reichtums, der Weisheit und der Erkenntnis Gottes, des Vaters, zu erahnen –
mit dem du lebst und herrschst in alle Ewigkeit.
A: Amen.

L besprengt den Rosenkranz mit Weihwasser.

FÜRBITTEN UND GEBET DES HERRN

L: Wir beten zu Christus, dem Sohn Gottes und der Jungfrau Maria:
V: Herr, Jesus Christus, lass uns, wie Maria, Gottes Wort hören und es befolgen. – Stille –

V: Christus, höre uns.
A: Christus, erhöre uns.

V: Stärke alle, die von Not und Schmerz bedrückt sind, damit sie voll Vertrauen aufblicken zu deinem Kreuz. – Stille – V/A
V: Schenke uns den Heiligen Geist, der das Antlitz der Erde erneuern kann. – Stille – V/A

Weitere Fürbitten sollen im Hinblick auf die konkrete Situation formuliert werden.

A: Vater unser … (siehe S. 241)

L: Himmlischer Vater, erhöre gütig unser Gebet, das wir im Vertrauen auf die Fürsprache der Gottesmutter Maria an dich richten.
Darum bitten wir durch Christus, unseren Herrn.
A: Amen.

Es ist zu empfehlen, die Segnung mit dem gemeinsamen Beten wenigstens eines Teiles des Rosenkranzes zu beschließen.

Segnung von Kerzen

Brennende Kerzen sind Zeichen der Freude, der Hoffnung und des Gebets. Sie erinnern uns zugleich daran, dass Christus sich selbst das Licht der Welt genannt hat und uns mahnt, als Kinder des Lichtes zu leben.

Nach alter Tradition werden die Kerzen für den gottesdienstlichen Gebrauch und für das persönliche Gebet am Fest Darstellung des Herrn gesegnet. Wenn es die pastoralen Gegebenheiten erfordern, können Kerzen auch außerhalb dieses Festes gesegnet werden.

SCHRIFTLESUNG

Mt 5,14–16

V: Lesung aus dem heiligen Evangelium nach Matthäus.
In jener Zeit sprach Jesus zu seinen Jüngern: Ihr seid das Licht der Welt. Eine Stadt, die auf einem Berg liegt, kann nicht verborgen bleiben. Man zündet auch nicht eine Leuchte an und stellt sie unter den Scheffel, sondern auf den Leuchter; dann leuchtet sie allen im Haus. So soll euer Licht vor den Menschen leuchten, damit sie eure guten Taten sehen und euren Vater im Himmel preisen.

ANRUFUNGEN

L: Preiset den Herrn, denn er ist gut.
A: Danket dem Herrn, denn er ist gut.

L: Sein Wort ist Licht auf unserm Weg.
A: Danket dem Herrn, denn er ist gut.

SEGENSGEBET

L: Herr Jesus Christus, du bist das Licht der Welt, das Licht für alle Menschen.
Segne (+) diese Kerzen, die wir zu deinem Lobpreis entzünden. Wie ihr Licht das Dunkel erhellt, so mache du unser Leben hell mit deiner Wahrheit. Schenke uns in den Bedrängnissen unseres Lebens Zuversicht und Freude und hilf uns, mit deinem Licht auch das Leben anderer Menschen hell zu machen,
der du lebst und herrschst in alle Ewigkeit.
A: Amen.

L besprengt die Kerzen mit Weihwasser.

FÜRBITTEN UND GEBET DES HERRN

L: Wir beten zu Christus, dem Licht der Welt:
V: Herr Jesus Christus, entreiße uns der Finsternis des Bösen. – Stille –

V: Christus, höre uns.
A: Christus, erhöre uns.

V: Mach diese Welt heller durch das Zeugnis deiner Gläubigen. – Stille – V/A
V: Schenke der Welt deinen Frieden und die Freude des Heiligen Geistes. – Stille – V/A

Weitere Fürbitten sollen im Hinblick auf die konkrete Situation formuliert werden.

L: Denn du, Herr, bist unser Licht und unser Leben.
Durch dich beten wir zum Vater im Himmel:
A: Vater unser ... (siehe S. 241)

L: Herr und Gott, lass uns als Kinder des Lichtes leben und in dir unser Heil finden.
Das gewähre uns durch Christus, unseren Herrn.
A: Amen.

Allgemeines Segensgebet für religiöse Zeichen

Dieses Segensgebet kann für die Segnung jener religiösen Zeichen verwendet werden, für die kein eigener Text bereitsteht. Ebenso eignet es sich für die gleichzeitige Segnung verschiedenartiger religiöser Zeichen.

SCHRIFTLESUNG

Lk 11,9–13

V: Lesung aus dem heiligen Evangelium nach Lukas.
In jener Zeit sprach Jesus zu seinen Jüngern: Bittet und es wird euch gegeben; sucht und ihr werdet finden; klopft an und es wird euch geöffnet. Denn wer bittet, der empfängt; wer sucht, der findet; und wer anklopft, dem wird geöffnet. Oder welcher Vater unter euch, den der Sohn um einen Fisch bittet, gibt ihm statt eines Fisches eine Schlange oder einen Skorpion, wenn er um ein Ei bittet? Wenn nun ihr, die ihr böse seid, euren Kindern gute Gaben zu geben wisst, wie viel mehr wird der Vater im Himmel den Heiligen Geist denen geben, die ihn bitten.

ANRUFUNGEN

L: Der Name des Herrn sei gepriesen.
A: Von nun an bis in Ewigkeit.

SEGENSGEBET

L: Herr, unser Gott, segne (+) ⌊dieses / diese⌋ Zeichen und alle, die ⌊es / sie⌋ aufbewahren oder bei sich tragen. ⌊Es soll / Sie sollen⌋ uns anregen, im Gebet bei dir Hilfe zu suchen und dir und den Menschen immer besser zu dienen. Darum bitten wir durch Christus, unseren Herrn.
A: Amen.

L kann die geweihten Zeichen mit Weihwasser besprengen oder inzensieren.

FÜRBITTEN UND GEBET DES HERRN

L: In der Kraft des Heiligen Geistes bitten wir den Vater im Himmel:
V: Herr und Gott, schenke allen Menschen dein Erbarmen und deine Liebe. – Stille –

V: Gott, unser Vater.
A: Wir bitten dich, erhöre uns.

V: Gib der Welt deine Gerechtigkeit und deinen Frieden. – Stille – V/A
V: Mach uns zu treuen Zeugen deines Sohnes Jesus Christus. – Stille – V/A

Weitere Fürbitten sollen im Hinblick auf die konkrete Situation formuliert werden.

A: Vater unser ... (siehe S. 241)

L: Herr, du bist gut und deine Taten sind groß. Erhöre unser Gebet und schenke uns dein Heil. Darum bitten wir durch Christus, unseren Herrn.
A: Amen.

Segnung eines Wohnhauses oder einer Wohnung

Die Segnung eines neuen Hauses ist eine alte christliche Tradition. Jesus gebot seinen Jüngern, beim Betreten eines Hauses diesem und seinen Bewohnern den Frieden zu wünschen (vgl. Lk 10,5). Um diesen Frieden des Herrn bitten die Bewohner mit ihren Freunden, wenn ein Haus oder eine Wohnung gesegnet wird.

ERÖFFNUNG MIT GESANG UND KREUZZEICHEN

L: Im Namen des Vaters und des Sohnes
und des Heiligen Geistes.
A: Amen.

L: Der Friede sei mit diesem Haus
und mit allen, die darin wohnen.

KYRIE-RUFE

V: Herr Jesus Christus, du hast verheißen: Wo zwei oder drei in meinem Namen versammelt sind, da bin ich mitten unter ihnen. Herr, erbarme dich.
A: Herr, erbarme dich.

V: Du hast versprochen, dass der Vater jedes Gebet erhört, das wir in deinem Namen an ihn richten. Christus, erbarme dich.
A: Christus, erbarme dich.

V: Du hast uns durch deinen Tod und deine Auferstehung dazu berufen, eine ewige Wohnung bei deinem himmlischen Vater zu finden.
Herr, erbarme dich.
A: Herr, erbarme dich.

ERÖFFNUNGSGEBET

L: Lasst uns beten.
Herr Jesus Christus, du bist in das Haus des Zachäus eingekehrt.
Komme auch zu uns mit deinem Segen,
der du lebst und herrschst in alle Ewigkeit.
A: Amen.

SCHRIFTLESUNG/SCHRIFTWORT

A Lk 19,1–6

V: Lesung aus dem heiligen Evangelium nach Lukas.
Jesus kam nach Jéricho und ging durch die Stadt. Und siehe, da war ein Mann namens Zachäus; er war der oberste Zollpächter und war reich. Er suchte Jesus, um zu sehen, wer er sei, doch er konnte es nicht wegen der Menschenmenge; denn er war klein von Gestalt. Darum lief er voraus und stieg auf einen Maulbeerfeigenbaum, um Jesus zu sehen, der dort vorbeikommen musste. Als Jesus an die Stelle kam, schaute er hinauf und sagte zu ihm: Zachäus, komm schnell herunter! Denn ich muss heute in deinem Haus bleiben. Da stieg er schnell herunter und nahm Jesus freudig bei sich auf.

B Mt 7,24–28

V: Lesung aus dem heiligen Evangelium nach Matthäus.
In jener Zeit sprach Jesus zu seinen Jüngern: Jeder, der meine Worte hört und danach handelt, ist wie ein kluger Mann, der sein Haus auf Fels baute. Als ein Wolkenbruch kam und die Wassermassen heranfluteten, als die Stürme tobten und an dem Haus rüttelten, da stürzte es nicht ein; denn es war auf Fels gebaut. Und jeder, der diese

meine Worte hört und nicht danach handelt, ist ein Tor, der sein Haus auf Sand baute. Als ein Wolkenbruch kam und die Wassermassen heranfluteten, als die Stürme tobten und an dem Haus rüttelten, da stürzte es ein und wurde völlig zerstört. Und es geschah, als Jesus diese Rede beendet hatte, war die Menge voll Staunen über seine Lehre.

C Mt 10,12.13a

V: Wenn ihr in ein Haus kommt, dann entbietet ihm den Gruß. Wenn das Haus es wert ist, soll der Friede, den ihr ihm wünscht, bei ihm einkehren.

ANRUFUNGEN

L: Gepriesen bist du, Herr, unser Gott! Alles, was du geschaffen hast, ist gut. Wir loben dich.
A: Wir preisen dich.

L: Du hast dem Menschen deine Schöpfung anvertraut. Wir loben dich.
A: Wir preisen dich.

L: Aus deiner Hand kommt jede gute Gabe. Wir loben dich.
A: Wir preisen dich.

SEGENSGEBET

L: Himmlischer Vater, du lässt uns schon in diesem Leben deine Güte erfahren und deine Größe preisen. Mache uns dankbar für das, was du an uns wirkst. Blicke in Liebe auf alle, die auf dich hoffen. Segne (+) ⌊dieses Haus / diese Wohnung⌋ und schütze seine Bewohner. Schenke ihnen Frieden und Freude im Heiligen Geist, Erfolg in ihren Unternehmungen und Schutz vor allen Gefahren.

Bewahre sie vor falschem Vertrauen auf vergängliche Güter und lehre sie, dass du selbst das Ziel unseres Lebens bist.
Darum bitten wir durch Christus, unseren Herrn.
A: Amen.

L kann die Familienmitglieder/Bewohner und die einzelnen Räume mit Weihwasser besprengen.

FÜRBITTEN UND GEBET DES HERRN

L: Wir beten zu unserem Herrn und Gott, in dessen Liebe wir geborgen sind:
V: Himmlischer Vater, steh allen, die hier wohnen, zur Seite und geleite sie auf ihren Wegen. – Stille –

V: Gott, unser Vater.
A: Wir bitten dich, erhöre uns.

V: Mach sie zu Zeugen deines Wortes und erfülle sie mit dem Geist der Nächstenliebe und Hilfsbereitschaft. – Stille – V/A
V: Erbarme dich der Kranken und lindere die Not der Armen. – Stille – V/A
V: Schenke allen Obdachlosen ein Zuhause. – Stille – V/A
V: Nimm unsere Verstorbenen auf in die himmlischen Wohnungen. – Stille – V/A

L: Lasst uns beten, wie der Herr uns zu beten gelehrt hat:
A: Vater unser ... (siehe S. 241)

Segnung von Fahrzeugen

Die Verkehrsmittel helfen dem Menschen, sein Leben zu gestalten. Der Wunsch nach Mobilität fordert aber auch heraus, sich der Verantwortung gegenüber den Mitmenschen und der Natur bewusst zu sein.

Wenn die Segnung von Fahrzeugen erbeten wird, sollte man sie möglichst als Gemeinschaftsfeier halten. Besonders geeignete Termine sind der Tag der Verkehrssicherheit, der Ferienbeginn, der Christophorus-Tag (24. Juli) oder beliebte Ausflugstage in der Sommersaison wie der 1. Mai. Es soll zum Ausdruck kommen, dass rechtes Verhalten im Straßenverkehr auch eine Verpflichtung vor Gott ist.

KYRIE-RUFE

V: Herr Jesus Christus, du hast uns die Kräfte der Schöpfung in die Hand gegeben.
Herr, erbarme dich.
A: Herr, erbarme dich.

V: Du hast uns zur Nächstenliebe gerufen.
Christus, erbarme dich.
A: Christus, erbarme dich.

V: Du hast uns das letzte Ziel unserer irdischen Fahrt gezeigt.
Herr, erbarme dich.
A: Herr, erbarme dich.

ERÖFFNUNGSGEBET

L: Lasst uns beten.
Gott, unser Vater, wir sind dein Eigentum
und setzen unsere Hoffnung allein auf deine Gnade.
Bleibe uns nahe in jeder Not und Gefahr
und schütze uns.
Darum bitten wir durch Christus, unseren Herrn.
A: Amen.

SCHRIFTLESUNG

Es folgt eine Schriftlesung. Weitere Lesungen siehe Pilgersegen, S. 201, und Reisesegen, S. 204.

Ps 91,1–5.11–12
V: Lesung aus dem Buch der Psalmen.
Wer im Schutz des Höchsten wohnt, der ruht im Schatten des Allmächtigen. Ich sage zum HERRN: Du meine Zuflucht und meine Burg, mein Gott, auf den ich vertraue. Denn er rettet dich aus der Schlinge des Jägers und aus der Pest des Verderbens. Er beschirmt dich mit seinen Flügeln, unter seinen Schwingen findest du Zuflucht, Schild und Schutz ist seine Treue. Du brauchst dich vor dem Schrecken der Nacht nicht zu fürchten, noch vor dem Pfeil, der am Tag dahinfliegt. Denn er befiehlt seinen Engeln, dich zu behüten auf all deinen Wegen. Sie tragen dich auf Händen, damit dein Fuß nicht an einen Stein stößt.

ANRUFUNGEN

L: Gepriesen bist du, Herr, unser Gott! Alles, was du geschaffen hast, ist gut. Wir loben dich.
A: Wir preisen dich.

L: Du hast dem Menschen deine Schöpfung anvertraut. Wir loben dich.
A: Wir preisen dich.

L: Aus deiner Hand kommt jede gute Gabe.
Wir loben dich.
A: Wir preisen dich.

SEGENSGEBET

L: Herr und Gott, du begleitest uns auf allen Wegen. Segne (+) diese Fahrzeuge und beschütze alle vor Unglück und Schaden, die sie in Beruf und Freizeit benutzen. Gib, dass wir im Straßenverkehr allzeit verantwortungsbewusst bleiben. Mach uns rücksichtsvoll und hilfsbereit. Lass uns in allem, was wir tun, deine Zeugen sein.
Das gewähre uns durch Christus, unseren Herrn.
A: Amen.

L besprengt die Fahrzeuge mit Weihwasser.

FÜRBITTEN UND GEBET DES HERRN

L: Auf die Fürsprache des heiligen Christophorus und aller Schutzheiligen des Straßenverkehrs beten wir zu Gott, der uns auf allen Wegen unseres Lebens nahe ist:

V: Himmlischer Vater, lass alle,
die die Straßen benutzen, ihre Verantwortung füreinander sehen. – Stille –

V: Gott, unser Vater.
A: Wir bitten dich, erhöre uns.

V: Hilf uns bei unserem Bemühen, Gefahren zu meiden und Unfälle zu verhindern. – Stille – V/A
V: Bewahre uns vor Unfällen und schenke uns stets eine glückliche Heimkehr. – Stille – V/A
V: Nimm dich der Opfer von Verkehrsunfällen an und tröste ihre Angehörigen. – Stille – V/A

L: Lasst uns beten, wie der Herr uns zu beten gelehrt hat:
A: Vater unser ... (siehe S. 241)

L: Gott, wir vertrauen auf dich. Schenke uns deine Liebe und führe uns auf allen unseren Wegen. Darum bitten wir durch Christus, unseren Herrn.
A: Amen.

SCHLUSSSEGEN UND ENTLASSUNG

L: Der Herr segne euch und behüte euch.
A: Amen.

L: Er begleite euch auf all euren Wegen.
A: Amen.

L: Er führe euch an das Ziel eurer Reisen und schenke euch eine glückliche Heimkehr.
A: Amen.

A Wenn ein Priester oder Diakon die Feier leitet:

P/D: Es segne euch der allmächtige Gott,
der Vater und der Sohn + und der Heilige Geist.
A: Amen.

P/D: Gehet hin in Frieden.
A: Dank sei Gott, dem Herrn.

B Wenn ein Laie die Feier leitet:

L: Es segne uns der allmächtige Gott,
der Vater und der Sohn und der Heilige Geist.
A: Amen

L: Gelobt sei Jesus Christus.
A: In Ewigkeit. Amen.

QUELLENVERZEICHNIS

Für die Zitation der gemeinsamen liturgischen Bücher im deutschen Sprachgebiet werden die offiziellen Kurztitel der Ständigen Kommission verwendet (staeko.net).

EINGLIEDERUNG IN DIE KIRCHE

Die Feier der Eingliederung eines Erwachsenen in die Kirche in unmittelbarer Lebensgefahr (Nottaufe): Eingliederung Erwachsener I 2001/2016. Eingliederung Erwachsener II 2008. Ich taufe dich im Namen des Vaters und des Sohnes und des Heiligen Geistes. Die Feier der Taufe eines Kindes in Lebensgefahr, hg. v. Deutschen Liturgischen Institut, Trier 1998. Wort-Gottes-Feier 2004/2019, 188f. Krankensakramente 1994. | Die Tauffeier für ein Kind in Lebensgefahr: Kindertaufe 2007/2018. Kindertaufe PE 2008. Ich taufe dich im Namen des Vaters und des Sohnes und des Heiligen Geistes. Die Feier der Taufe eines Kindes in Lebensgefahr, hg. v. Deutschen Liturgischen Institut, Trier 1998. Eingliederung Erwachsener II 2008. Krankensakramente 1994, 149f. Eingliederung Schulalter 1986. | Die Feier der Firmung in Lebensgefahr: Krankensakramente 1994. Firmung 1973/2019. Eingliederung Erwachsener II 2008. | Die Feier der Aufnahme eines gültig Getauften in Lebensgefahr in die volle Gemeinschaft der katholischen Kirche: Eingliederung Erwachsener II 2008.

BUSSE UND VERSÖHNUNG

Die Feier der Versöhnung für Einzelne (bei schwerer Krankheit): Buße 1974. | Der vollkommene Ablass in der Sterbestunde: Krankensakramente 1994. | Die gemeinschaftliche Feier der Versöhnung mit allgemeinem Bekenntnis und Generalabsolution (Kurzform): Buße 1974. | Die Lossprechung von Kirchenstrafen in Lebensgefahr: Buße 1974. | Die Dispens von Irregularität in

Lebensgefahr: Buße 1974. | Der Bußgottesdienst (bei schwerer Krankheit): Buße 1974. Zum gemeinsamen Dienst berufen, hg. v. Sekretariat der Deutschen Bischofskonferenz, Bonn 2010, 42.

DIE BEGLEITUNG KRANKER

Krankensakramente 1994. Zum gemeinsamen Dienst berufen, hg. v. Sekretariat der Deutschen Bischofskonferenz, Bonn 2010, 36. | Mit Kranken beten: Krankensakramente 1994. Mit Kranken beten, erarbeitet von der AG Krankenpastoral des Deutschen Liturgischen Instituts in Zusammenarbeit mit der Materialstelle für Gottesdienst, Nürnberg, hg. v. Deutschen Liturgischen Institut, Trier 1999. | Die Feier des Krankensegens: Krankensakramente 1994. Die Sorge der Kirche um die Kranken, hg. v. Sekretariat der Deutschen Bischofskonferenz, Bonn 1998, 43. Zum gemeinsamen Dienst berufen, hg. v. Sekretariat der Deutschen Bischofskonferenz, Bonn 2010, 37, 51. Benediktionale 1978. Beständig wird deine Hand mich halten. Segensfeier mit Schwerkranken, hg. v. Deutschen Liturgischen Institut, Trier 1996. | Die Feier der Haus- und Krankenkommunion: Krankensakramente 1994. Kommunionspendung 1976/2003. Hauskommunion 2016. Zum gemeinsamen Dienst berufen, hg. v. Sekretariat der Deutschen Bischofskonferenz, Bonn 2010, 37. | Die Feier der Krankensalbung: Krankensakramente 1994.

DIE BEGLEITUNG STERBENDER

Krankensakramente 1994. | Mit Sterbenden beten: Krankensakramente 1994. | Die Feier der Wegzehrung (Kommunion in der Sterbestunde) – außerhalb der Messfeier: Krankensakramente 1994. Kommunionspendung 1976/2003. Hauskommunion 2016. Zum gemeinsamen Dienst berufen, hg. v. Sekretariat der Deutschen Bischofskonferenz, Bonn 2010, 37 f. | Die Feier der Versöhnung, der Krankensalbung und der Wegzehrung in der Sterbestunde (Versehgang): Krankensakramente 1994. | Die Feier des Sterbesegens: Der Sterbesegen wurde von Krankenhausseelsorgerinnen und Krankenhausseelsorgern der Diözese Rottenburg-Stuttgart entwickelt und erstmals im Jahr 2011 veröffentlicht. Wir danken der Diözese Rottenburg-Stuttgart für die freundliche Genehmigung, die Texte aus der überarbeiteten Neuauflage von 2019 verwenden und mit eigenen Veränderungen veröffentlichen zu dürfen. Aus: Der Sterbesegen. Liturgische Handreichung für Haupt- und Ehrenamtliche in

Krankenhäusern und Hospizen, in Senioren- und Pflegeheimen, in der Notfallseelsorge und in Gemeinden und Pfarreien, hg. v. d. Diözese Rottenburg-Stuttgart © Schwabenverlag. Verlagsgruppe Patmos in der Schwabenverlag AG, Ostfildern, 2. Auflage 2019, 17–21, 25–29. www.verlagsgruppe-patmos.de. Neben der textlichen Grundlage des Sterbesegens aus Rottenburg-Stuttgart wurden für die hier vorliegende Fassung einzelne Formulierungen aus Überarbeitungen des Sterbesegens der Diözesen Würzburg, Osnabrück, Speyer und Regensburg herangezogen. Ebenso wurden Texte aus dem Rituale des Bistums Trier verwendet: Gottesdienstliche Feiern im Umfeld des Sterbens. Studienausgabe für das Bistum Trier, Bd. 1: In der Sterbestunde, hg. v. Bischöflichen Generalvikariat Trier © 2014 Paulinus Verlag GmbH, Trier, 58–61. Der Abdruck der Texte erfolgt mit freundlicher Genehmigung des Bistums Trier. Weitere Textvorlagen wurden entnommen aus: Licht, das die Nacht erhellt. Abschied am Bett eines sterbenden Menschen, hg. v. Deutschen Liturgischen Institut, Trier 1997. Benediktionale 1978. Die vorliegende Fassung des Sterbesegens wurde erarbeitet von Dominik Bodenstein, Trier 2022.

DIE BEGLEITUNG VERSTORBENER UND IHRER ANGEHÖRIGEN

Begräbnisfeier PE 2009. | Für Verstorbene beten: Krankensakramente 1994. Begräbnisfeier 2009. Begräbnisfeier Manuale 2012. | Segensfeier für Verstorbene: Krankensakramente 1994, 173, 179. Licht, das die Nacht erhellt. Abschied am Bett eines sterbenden Menschen, hg. v. Deutschen Liturgischen Institut, Trier 1997, 3 f., 10. Rituale. Gottesdienstliche Feiern im Umfeld des Sterbens. Studienausgabe für das Bistum Trier, hg. v. Bischöflichen Generalvikariat Trier © 2022 Paulinus Verlag GmbH, Trier, 136–138. Schlusssegen siehe „Die Feier des Sterbesegens". Erarbeitet von Dominik Bodenstein, Trier 2022. | Segensfeier für ein Kind, das vor, während oder nach der Geburt verstorben ist: Siehe „Die Feier des Sterbesegens". Begräbnisfeier Manuale 2012, 68. Weitere Textvorlagen wurden folgender Publikation entnommen: Wenn der Tod am Anfang steht. Eltern trauern um ihr totes neugeborenes Kind – Hinweise zur Begleitung, Seelsorge und Beratung, Arbeitshilfen Nr. 174, hg. v. Sekretariat der Deutschen Bischofskonferenz, Bonn 2017, 10, 40–44. Erarbeitet von Dominik Bodenstein, Trier 2022.

SEGNUNGEN

Benediktionale 1978. Zum gemeinsamen Dienst berufen, hg. v. Sekretariat der Deutschen Bischofskonferenz, Bonn 2010, 42–45, 50f. | Die Grundform einer Segensfeier: Benediktionale 1978. GL 27. | Segnung einer Familie: Benediktionale 1978. | Segnung werdender Eltern: Vgl. Benediktionale 1978. Kindertaufe 2007, 168. | Segnung eines neugeborenen Kindes und seiner Eltern: Vgl. Benediktionale 1978. | Segnung von Kindern: Benediktionale 1978. | Segnung von Jugendlichen vor besonderen Lebensabschnitten: Benediktionale 1978. | Segnung älterer Menschen: Benediktionale 1978. | Segnung zur Silbernen Hochzeit: Benediktionale 1978. | Segnung zur Goldenen Hochzeit: Benediktionale 1978. | Pilgersegen: Benediktionale 1978. | Reisesegen für Urlauber: Benediktionale 1978. | Segnung des Weihwassers: Benediktionale 1978. Wort-Gottes-Feier 2004/2019, 187. Wort-Gottes-Feier CH 2015, 86. | Segnung eines Kreuzes: Benediktionale 1978. | Segnung eines Christusbildes: Benediktionale 1978. | Segnung eines Marienbildes: Benediktionale 1978. | Segnung eines Heiligenbildes: Benediktionale 1978. | Segnung einer Christophorus-Plakette: Benediktionale 1978. | Segnung eines Rosenkranzes: Benediktionale 1978. | Segnung von Kerzen: Benediktionale 1978. | Allgemeines Segensgebet für religiöse Zeichen: Benediktionale 1978. | Segnung eines Wohnhauses oder einer Wohnung: Benediktionale 1978. | Segnung von Fahrzeugen: Benediktionale 1978.

SCHRIFTSTELLENVERZEICHNIS

Apostolisches Glaubensbekenntnis

Ich glaube an Gott,
den Vater, den Allmächtigen,
den Schöpfer des Himmels und der Erde,
und an Jesus Christus,
seinen eingeborenen Sohn, unsern Herrn,
empfangen durch den Heiligen Geist,
geboren von der Jungfrau Maria,
gelitten unter Pontius Pilatus,
gekreuzigt, gestorben und begraben,
hinabgestiegen in das Reich des Todes,
am dritten Tage auferstanden von den Toten,
aufgefahren in den Himmel;
er sitzt zur Rechten Gottes,
des allmächtigen Vaters;
von dort wird er kommen,
zu richten die Lebenden und die Toten.
Ich glaube an den Heiligen Geist,
die heilige katholische Kirche,
Gemeinschaft der Heiligen,
Vergebung der Sünden,
Auferstehung der Toten
und das ewige Leben. Amen.

Gebet des Herrn (Vaterunser)

Vater unser im Himmel,
geheiligt werde dein Name.
Dein Reich komme.
Dein Wille geschehe, wie im Himmel so auf Erden.
Unser tägliches Brot gib uns heute.
Und vergib uns unsere Schuld,
wie auch wir vergeben unsern Schuldigern.
Und führe uns nicht in Versuchung,
sondern erlöse uns von dem Bösen.
Denn dein ist das Reich und die Kraft
und die Herrlichkeit in Ewigkeit. Amen.

Gegrüßet seist du, Maria

Gegrüßet seist du, Maria, voll der Gnade,
der Herr ist mit dir.
Du bist gebenedeit unter den Frauen
und gebenedeit ist die Frucht deines Leibes, Jesus.
Heilige Maria, Mutter Gottes, bitte für uns Sünder
jetzt und in der Stunde unseres Todes. Amen.

Allgemeines Schuldbekenntnis

Ich bekenne Gott, dem Allmächtigen,
und allen Brüdern und Schwestern,
dass ich Gutes unterlassen und Böses getan habe
– ich habe gesündigt in Gedanken,
Worten und Werken –
durch meine Schuld, durch meine Schuld,
durch meine große Schuld.
Darum bitte ich die selige Jungfrau Maria,
alle Engel und Heiligen
und euch, Brüder und Schwestern,
für mich zu beten bei Gott, unserem Herrn.

KURZTEXTE FÜR NOTFÄLLE

Im äußersten Notfall genügt die am Rand mit einer roten Linie markierte Formel.

Nottaufe

Glaubensbekenntnis:
A: Ich glaube an Gott ... (siehe S. 240)
Wassertaufe:
L: N., ich taufe dich im Namen des Vaters
und des Sohnes und des Heiligen Geistes.

Firmung in Lebensgefahr

Handauflegung und Gebet:
P: Allmächtiger Gott,
Vater unseres Herrn Jesus Christus,
du hast unseren Bruder / unsere Schwester N.
in der Taufe von aller Schuld befreit.
Du hast ihm / ihr aus dem Wasser
und dem Heiligen Geist neues Leben geschenkt.
Wir bitten dich, Herr:
Sende ihm / ihr den Heiligen Geist, den Beistand.
Gib ihm / ihr den Geist der Weisheit und der Einsicht, des Rates, der Erkenntnis und der Stärke, den Geist der Frömmigkeit und der Gottesfurcht.
Durch Jesus Christus, unseren Herrn.
A: Amen.
Chrisamsalbung:
P: N., sei besiegelt
durch die Gabe Gottes, den Heiligen Geist.
A: Amen.

Wegzehrung

Schuldbekenntnis und Vergebungsbitte:
A: Ich bekenne Gott, dem Allmächtigen, ...
(siehe S. 241)
L: Der allmächtige Gott erbarme sich unser,
er lasse uns die Sünden nach
und führe uns zum ewigen Leben.
A: Amen.
[Vollkommener Ablass in der Sterbestunde]
Glaubensbekenntnis:
A: Ich glaube an Gott ... (siehe S. 240)
Gebet des Herrn:
A: Vater unser ... (siehe S. 241)
Kommunion mit besonderen Spendeworten:
L: Der Leib Christi. (Oder: Das Blut Christi.)
A: Amen.
L: Christus bewahre dich
und führe dich zum ewigen Leben.
A: Amen.

Bußsakrament

Sündenbekenntnis
Annahme eines Bußwerkes
Reue
Lossprechung:
P: Gott, der barmherzige Vater,
hat durch den Tod und die Auferstehung
seines Sohnes die Welt mit sich versöhnt
und den Heiligen Geist gesandt
zur Vergebung der Sünden.
Durch den Dienst der Kirche
schenke er dir Verzeihung und Frieden.
So spreche ich dich los von deinen Sünden
im Namen des Vaters
und des Sohnes + und des Heiligen Geistes.
A: Amen.
Entlassung

Absolution in unmittelbarer Lebensgefahr:
P: Ich spreche dich los von deinen Sünden
im Namen des Vaters
und des Sohnes + und des Heiligen Geistes.
A: Amen.

Der vollkommene Ablass in der Sterbestunde

P: Aufgrund der mir vom Apostolischen Stuhl
verliehenen Vollmacht
gewähre ich dir vollkommenen Ablass
und Vergebung aller Sünden
im Namen des Vaters
und des Sohnes + und des Heiligen Geistes.
A: Amen.

Krankensalbung und Wegzehrung in unmittelbarer Lebensgefahr

Schuldbekenntnis und Vergebungsbitte:
A: Ich bekenne Gott, dem Allmächtigen, ...
(siehe S. 241)
P: Der allmächtige Gott erbarme sich unser,
er lasse uns die Sünden nach
und führe uns zum ewigen Leben.
A: Amen.
[Vollkommener Ablass in der Sterbestunde]
Glaubensbekenntnis:
A: Ich glaube an Gott ... (siehe S. 240)
Handauflegung und stilles Gebet
[Weihe des Krankenöls:
P: Segne, Herr, dieses Öl,
das für die Krankensalbung bestimmt ist,
und segne auch den Kranken / die Kranke,
der / die durch diese heilige Salbung
Stärkung und Linderung erfahren soll.]
Salbung:
P: Durch diese heilige Salbung
helfe dir der Herr in seinem reichen Erbarmen,
er stehe dir bei mit der Kraft des Heiligen Geistes.
A: Amen.
P: Der Herr, der dich von Sünden befreit,
rette dich, in seiner Gnade richte er dich auf.
A: Amen.
Gebet des Herrn:
A: Vater unser ... (siehe S. 241)
Kommunion mit besonderen Spendeworten:
P: Der Leib Christi. (Oder: Das Blut Christi.)
A: Amen.
P: Christus bewahre dich
und führe dich zum ewigen Leben.
A: Amen